Da'ath-Magie für Anfänger

Wunder:
der Weg zur außergewöhnlichen Magie

Kontakt: www.HarryEilenstein.de
Harry.Eilenstein@web.de
Harry Eilenstein bei youtube

Herstellung und Verlag: Books on Demand GmbH, Norderstedt

ISBN: 9783751967396

Inhaltsverzeichnis

I Da'ath-Magie

„Da'ath" ist ein Begriff aus der Kabbala und bedeutet „Erkenntnis, inneres Wissen". „Da'ath" ist der Name einer der elf Sephiroth (Bereiche) auf dem kabbalistischen Lebensbaum. Dieser Lebensbaum ist eine symmetrische Struktur, die aus ca. 40 Elementen besteht. Diese Struktur findet sich in allen Dingen – vom Staubsauger und Auto über das klassische Ballett und die Magie bis hin zu der Deutschen Verfassung und der Kernphysik – es ist also eine allgemeingültige Struktur.

Das wichtigste Eigenschaft des Bereiches auf dem Lebensbaum, der „Da'ath" genannt wird, ist die Abgrenzungslosigkeit – Da'ath ist ein Kontinuum. Da'ath-Magie ist folglich eine Magie, die in einem Kontinuum stattfindet, die abgrenzungslos ist – und die daher „außergewöhnlich" ist.

Das Gegenstück dazu ist die Yesod-Magie – Yesod ist auf dem kabbalistischen Lebensbaum der Bereich der Lebenskraft, des Unterbewußtseins, der Träume usw. – in Yesod ist zwar alles mit allem verbunden, aber die Dinge sind nicht abgrenzungslos. Daher ist die Yesod-Magie auch nicht „außergewöhnlich", sondern „gewöhnlich".

Sinnvolle Unterscheidungen können sehr hilfreich sein – das gilt für alle Lebensbereiche.

So kann man z.B. in der Magie die wahrnehmende Magie („Telepathie") von der wirkenden Magie („Telekinese") unterscheiden – der Unterschied zwischen diesen beiden Aspekten der Magie ist offenkundig.

Eine zweite Form der Unterscheidung in der Magie ist die Unterscheidung nach dem Ziel: Zukunftsschau, Geldmagie, Liebeszauber, Feuerlauf, Sturmzauber, Schadenszauber, Heilungen usw. Auch hier weiß jeder, was gemeint ist.

Die Unterscheidung nach Da'ath-Magie und Yesod-Magie ist zunächst einmal nicht so einleuchtend – hier wird das Ausmaß der Magie unterschieden. Diese Unterscheidung macht dann einen Sinn, wenn man

a) die Phänomene der beiden Arten von Magie klar unterscheiden kann

und/oder

b) beim Bewirken dieser beiden Arten von Magie unterschiedlich vorgeht

und/oder

c) diese beiden Arten der Magie grundsätzlich verschieden erlebt.

Idealerweise treffen alle drei Formen der Unterscheidung zu.

Die Betrachtung der Da'ath-Magie (und auch der Yesod-Magie) hat dann einen wirklichen Nutzen, wenn sich daraus handfeste Anleitungen für die Da'ath-Magie ergeben.

Man könnte dieser Form von Magie verschiedene Namen geben:

- *„Da'ath-Magie"* – in Anlehnung an die Sphäre „Da'ath" auf dem kabbalistischen Lebensbaum, die die Qualitäten der „abgrenzungslosen Magie" verkörpert;
- *„Saturn-Magie"* – in Anlehnung an den Planeten Saturn, der der Sephirah Da'ath zugeordnet ist:
- *„Kontinuum-Magie"* – da Da'ath ein Kontinuum ist;
- *„außergewöhnliche Magie"* – einfach weil sie außergewöhnliche Phänomene umfaßt;
- *„Global-Magie"* – weil sie abgrenzungslos und somit „global" ist (es besteht auch ein Zusammenhang zu der Globalisierung);
- *„Wunder"* – das wäre der „klassische Begriff" für diese Art von Magie.
- Schließlich gibt es noch einige Konzepte, die zwar mit der „Da'ath-Magie" nicht identisch, aber ihr doch recht ähnlich sind wie z.B. die *„Eismagie"* von Frater V.D. (auch wenn wir beide uns keineswegs darüber einig sind, daß sich beide Konzepte sehr ähnlich sind …).

I 1.   Die Phänomene

Von den drei Unterscheidungskriterien „Phänomen", „Vorgehensweise" und „Erlebnis" läßt sich der Punkt „Phänomen" am einfachsten untersuchen – auch wenn diese Betrachtung nicht sofort ganz präzise sein wird.

Die im Folgenden beschriebenen Phänomene muß man natürlich erlebt haben, um wissen zu können, daß es sie tatsächlich gibt. Wenn man schon einige von ihnen selber erfahren hat, kann man auch die Beschreibungen von ähnlichen Phänomenen, die einem von vertrauenswürdige Personen beschrieben worden sind, hinzunehmen.

Es gibt Formen der Magie, bei der es nur um eine Erkenntnis geht. Das typischste Beispiel dafür ist die Astrologie, mit deren Hilfe man z.B. den Charakter eines Menschen beschreiben kann.

Hier wird eine Analogie-Struktur in der Welt erkannt (zwischen dem Planetenstand und dem Charakter eines Menschen).

Einen Schritt weiter geht die Telepathie, durch die man Informationen erhalten kann, die auf normalem Wege unzugänglich wären – z.B. erkennen, wo jemand seinen Haustürschlüssel verloren hat oder was sich in einem Paket befindet oder was ein anderer, nicht anwesender Mensch gerade tut.

Hier werden auf nicht-physikalische (telepathische) Weise Informationen über räumlich entfernte Dinge beschafft.

Ebenfalls um Informationen geht es bei der Zukunftsschau, bei der man eben Teile der Zukunft sieht.

Hier werden auf nicht-physikalische (telepathische) Weise Informationen über zeitlich und räumlich entfernte Dinge beschafft.

Bei den vielen Varianten der Wunsch-Magie mithilfe von Anrufungen, Sigillen, Talismanen usw. wird der „Zufall" durch den Magier auf effektive Weise in seinem Sinne gelenkt.

Hier werden die Ereignisse auf nicht-physikalische (telekinetische) Weise gelenkt.

Den bisher beschrieben magischen Phänomenen ist gemeinsam, daß sie eine zusätzliche Struktur in der Welt deutlich werden lassen, die von den Menschen genutzt werden kann: die Analogien in der Astrologie, die telepathischen Verbindungen und die telekinetische Lenkung des „sinnvollen Zufalls".

Diese Formen der Magie sind zunächst einmal eine „nur" eine Erweiterung des physikalischen Weltbildes um eine neue Art von Struktur, Zusammenhang und Wirkung. Es besteht zunächst einmal kein grundsätzlicher Widerspruch zu den physikalischen Gesetzen, da sich diese magischen Phänomene mit den Naturgesetzen zu einem erweiterten Weltbild kombinieren lassen, in dem es nicht nur kausal-naturwissenschaftliche Zusammenhänge, sondern auch magisch-analoge Zusammenhänge gibt.

Das ändert sich jedoch, wenn man Telekinese-Phänomene hinzunimmt wie z.B. den einfachen Versuch mit dem Papierrädchen auf einer Nadelspitze, das man nur durch den eigenen Willen und die eigene Vorstellung drehen kann. Bei diesem Experiment kann man eine physische Wirkung ohne physische Ursache nachweisen – um dieses Phänomen zu beschreiben reicht ein kombiniertes kausal-analoges Weltbild nicht mehr aus.

Diesen Versuch kann man sich bei youtube z.B. unter „psi-wheel" anschauen und dann selber ausprobieren.

Bei manchen Phänomenen ist es schwer zu sagen, was bei ihnen genau geschieht. In solchen Fällen empfiehlt es sich, die Beschreibung zu benutzen, die am einfachsten ist und die sich mit den wenigsten neuen Annahmen erklären läßt.

Bei einer Bilokation erscheint ein Mensch an zwei Orten gleichzeitig. Es gibt jedoch noch eine andere mögliche Erklärung als die Verdopplung des physischen Körpers.

Aus der Hypnose ist bekannt, daß man einem anderen Menschen Bilder suggerieren kann, die dieser Mensch dann auch tatsächlich wahrnimmt. Das kann man so weit treiben, daß sich ein Mensch vorübergehend z.B. für einen Hund hält und sich auch so verhält.

Weiterhin gibt es Visionen, d.h. innere Bilder, die mit der optischen Wahrnehmung der äußeren Welt kombiniert werden, sodaß das innere Bild ein Teil der äußeren Welt zu sein scheint. Die ungewollte Version dieses Phänomens ist die Halluzination. Diese inneren Bilder, die man als Teil der äußeren Welt erlebt, können durchaus auch sprechen und man kann sie auch anfassen – sie sind also nur sehr schwer als inneres Bild erkennbar.

In dem Fall der Bilokation könnte daher der Mensch, der an mehreren Orten gleichzeitig erscheint, sein eigenes Bild (bewußt oder unbewußt) an einen anderen Ort gesandt haben, um dort etwas zu bewirken.

Solche Bilokationen werden in der Regel von Heiligen, Yogis, Heilern und ähnlichen „Magie-Profis" berichtet.

Eine Bilokation könnte also eine willentlich bei einem anderen Menschen hervorgerufene Vision sein.

Ein ähnlicher Grenzfall ist die Astralreise. Dabei verläßt man mit seinem Bewußtsein und mit seiner Wahrnehmungsfähigkeit den eigenen Körper und kann an jeden beliebigen Ort reisen und anschließend zu seinem Körper zurückkehren.

Man kann dies, wenn man will, als eine vollkommene Form der Telepathie beschreiben, aber das Erlebnis einer Astralreise ist doch sehr beeindruckend und fühlt sich nicht so an, als ob es „nur" fortgeschrittene Telepathie sei.

Doch zunächst einmal kann man die Astralreise durchaus als eine Form der „Telepathie mit veränderter Selbstwahrnehmung" auffassen.

Es gibt aber durchaus noch Steigerungen zu den bisher beschriebenen grundlegenden telepathischen und telekinetischen Experimenten, die sich nicht mehr dadurch erklären lassen, daß es außer den kausalen auch noch analoge Zusammenhänge in der Welt gibt. Bei den im folgenden beschriebenen Phänomenen werden die Naturgesetze offensichtlich außer Kraft gesetzt.

Ein bekannter Fall ist die sogenannte „Spontanheilung", bei der ein Mensch plötzlich eine Krankheit, die er gehabt hat, geheilt hat – oft ohne zu wissen, wie er das genau bewerkstelligt hat. Der Krebs ist plötzlich verschwunden. Physikalisch erklären kann man dieses Phänomen erst einmal nicht – man kann es nur diagnostizieren und ihm den Namen „Spontanheilung" geben.

Es gibt noch eine andere Variante dieses Phänomens: die Heilung durch eine andere Person. Auch der dabei beteiligte Heiler ergreift in aller Regel keinerlei physische Maßnahmen, sondern betet um Heilung, imaginiert die Heilung oder führt andere magisch-religiöse Maßnahmen durch.

Bei einer Materialisation erscheint auf einmal ein Gegenstand, der vorher nicht da war. Damit ist kein Zaubertrick gemeint, sondern ein wirkliches „Erscheinen aus dem Nichts heraus". Am überzeugendsten ist solch ein Phänomen natürlich dann, wenn man es erlebt, wenn man alleine ist, wenn also niemand anderes etwas manipuliert haben kann.

Das Gegenstück der Materialisation ist die De-Materialisation, also das „Auflösen in das Nichts hinein". Dieses Phänomen wird deutlich seltener beschrieben als die Materialisation.

Eine weitere Variante der Materialisation ist die Materie-Veränderung. Dabei wird, wie der Name schon sagt, die Materie verändert. Das bekannteste Beispiel ist sicherlich die Verwandlung von Wasser in Wein durch Jesus.
Man kann jedoch auch die Spontanheilung und die Heilung durch einen Heiler als eine Materie-Veränderung ansehen.

Wo man den Feuerlauf am besten einordnet, ist ein wenig unklar. Bei einem Feuerlauf geht man barfuß (ohne jegliche Hilfsmittel!) über glühende Kohlen – man kann sich auch eine Weile nackt in die Glut legen oder einige Glutstückchen aufessen.

Eine ähnlich extreme Form der Telekinese ist z.B. das Anheben eines LKWs durch eine Mutter, damit sie ihr Kind unter dem Rad des LKWs hervorziehen kann, unter das das Kind bei einem Unfall geraten ist. Die Mutter denkt in diesem Fall nicht daran, daß das, was sie da gerade tut, unmöglich ist.
Ähnliche Vorgänge sind vor allem aus dem Karate und aus dem Kung Fu bekannt.
Auch die Fernstöße, also das Umstoßen per Telekinese eines Menschen, der einige Meter entfernt ist, gehört zu dieser Sorte von Phänomenen.

Zu der anfangs beschriebenen Art der Heilung gibt es auch die Variante, daß der Heiler mit seinen Händen in den Körper des Kranken greift und dort etwas verändert. Ist das eine Extremform der Telekinese? Oder ist das eine Materie-Veränderung? Letztlich gehört die Materie-Veränderung natürlich auch zu den Telekinese-Phänomenen – sie ist nur eine ziemlich extreme Form der Telekinese.

Eine andere Variante dieser außergewöhnlichen Telekinese sind die Heilungen von Knochenbrüchen bei den australischen Aborigines, die sich dafür lediglich konzentrieren und dabei singen und auf dem Didgeridoo spielen.

Die hier beschriebenen Phänomene lassen sich in zwei Kategorien einordnen, die sich an den für die Beschreibung notwendigen Annahmen orientieren:

Intensitäts-Formen der Magie	
kausal-analoges Weltbild	*Naturgesetze werden außer Kraft gesetzt*
Telepathie	einfache Telekinese (Papier-Rädchen)
Astrologie	Astralreise
Orakel (Tarot u.ä.)	Materialisation
die Zukunft vorhersehen	De-Materialisation
Zufalls-Lenkung	Materie-Verwandlung
Bilokation	Spontanheilung
	Heilung durch einen Heiler
	Feuerlauf

Im Wesentlichen ist diese Unterscheidung eine Einteilung in Telepathie und in Telekinese:

Für die Beschreibung der Telepathie reicht ein erweitertes naturwissenschaftliches Weltbild aus, in dem es auch analoge Zusammenhänge gibt, in dem also jedes Ereignis in einem Zusammenhang mit allen anderen Ereignis steht – so wie dies u.a. durch die Astrologie beschrieben wird.

Für die Beschreibung der Telekinese reicht ein erweitertes naturwissenschaftliches Weltbild nicht aus, da es Phänomene gibt, die den Naturgesetzen widersprechen.

I 2. Die Vorgehensweise

Der zweite Punkt ist die Vorgehensweise – lassen sich dabei deutliche Unterschiede feststellen? Und wenn ja, in welchem Zusammenhang steht die Vorgehensweise mit den durch sie bewirkten magischen Phänomenen?

Zur Beantwortung dieser Frage gibt es zwei Ansätze, die sich allerdings nur wenig unterscheiden: Zum einen die eigenen Erfahrung sowie die Erfahrungen von Menschen, die man sehr gut kennt; und zum anderen die Beschreibungen der Art und Weise, wie Heilige, Yogis, Magier usw. Wunder bewirkt haben. Diese historischen Berichte sollte man vorsichtshalber nur dann mit in die Argumentation einbeziehen, wenn sie mit den eigenen Erfahrungen übereinstimmen.

Als erstes gibt es ein paar Formen der Magie, die jedem ohne jegliche Vorbereitung zur Verfügung stehen.

> So gut wie jeder Mensch spürt es, wenn er von hinten her angestarrt wird. Diese Form der Telepathie ist einst in der Steinzeit überlebensnotwendig gewesen, wenn man vermeiden wollte, daß man von einem hungrigen Tiger gefressen wird, der sich von hinten anschleicht. Deshalb hat die Psyche diese Form der Telepathie nie verdrängt – sicher ist sicher …

> Es gibt eine recht große Anzahl von Menschen, die nachts schon einmal das geträumt haben, was am nächsten Tag geschehen wird: zeitliche Telepathie.

Dann gibt es einige Formen der Magie, die jeder ausführen kann und für die man nur eine passende Versuchsanordnung benötigt.

> Für das Benutzen von Astrologie, Tarot, I Ging und anderen Orakeln muß man lediglich das Orakel-System verstanden haben und ein ein wenig kombinieren können.

> Für die Durchführung von einfacher Telepathie eignet sich der Postkarten-Versuch. So gut wie jede Gruppe von vier Menschen kann auf diese Weise Telepathie erleben (ich habe noch keine Gruppe erlebt, die das nicht konnte).
> Für diesen Versuch werden 10 verschiedene Postkarten in 20 gleiche Umschläge gesteckt, die dann zugeklebt werden. Dann wird ein verschlossener Umschlag auf einen Tisch gelegt, an dem vier Personen sitzen. Diese Personen konzentrieren sich ca. 3 Minuten lang auf das Bild auf der Postkarte (das sie optisch nicht sehen können) und notieren dann alle Wahrnehmungen.

Anschließend wird aus den Wahrnehmungen, die mindestens drei Personen gehabt haben, die Grundbeschreibung des Bildes zusammengefügt und dann durch die Wahrnehmungen, die zwei Personen gehabt haben, ergänzt.

Auch der „Papier-Rädchen"-Versuch kann von jedem erfolgreich durchgeführt werden. Anfangs ist es möglicherweise notwendig, ihn einmal mit einem Menschen, der ihn schon beherrscht, durchzuführen.
Die recht einfache Versuchsanordnung kann man (wie schon gesagt) in youtube z.B. unter „PSI-Wheel" finden.

Es gibt also Formen der Magie, für die keinerlei „Vorbildung" oder lange Übung notwendig ist.
Bei manchen Formen der Magie ist jedoch eine „Anleitung" sehr hilfreich und kürzt das Erlernen sehr stark ab:

Traumreisen sind ein „ganz normaler Bewußtseinszustand" – sie sind sozusagen absichtliche Tagträume. Jeder kann sie sehr schnell lernen, wenn man sie zwei-, dreimal mit jemandem zusammen macht, der Übung darin hat. Der Geübte ist dabei sozusagen die Stützräder an dem Traumreisen-Fahrrad für den ungeübten „Fahrschüler".
Man braucht auch hier keine lange Übung, sondern nur eine Anleitung, weil Traumreisen in unserer Kultur nicht mehr fest integriert sind.

Für manche Formen der Magie ist eine besondere innere Haltung notwendig, um den betreffenden Zauber wirksam werden zu lassen:

Bei der Talisman-Magie und ähnlichen Magie-Formen, durch die ein Gegenstand, ein Mensch, ein Umstand, eine Situation o.ä. herbeigerufen wird, ist eine große Konzentration und Imagination nötig, damit der Zauber wirkt.

Wenn man einen Schlüssel wiederfinden will, den ein anderer verloren hat, oder wenn man eine Feder schweben lassen will, geht das nicht ohne längere Forschung und Übung:

Das Finden von verlorenen Gegenständen, das Erkennen (per Traumreise) der Gestalt einer Pflanze, von der man nur den Namen weiß, das Finden der Lösung für einen Kriminalfall usw., also fortgeschrittene Telepathie, erfordert ein größeres Maß an Übung, durch das man in Bezug auf das „innere Sehen" sicherer wird und die telepathische Wahrnehmung gut von eigenen Assoziationen, Vermutungen und Imaginationen unterscheiden kann.

Wie bei allen Formen der Telepathie ist der wesentliche Trick dabei, daß man alles, was „von außen" kommt, daran erkennen kann, daß es keine Wurzeln in der eigenen Psyche hat – man kann eine telepathische Wahrnehmung nicht in die eigene Psyche hinein zurückverfolgen. Bei einem eigenen Gedanken kann man hingegen zumindestens die Vorstufe, also den Gedanken, der dem eigenen Gedanken vorausging, wiederfinden.

Die extremeren Formen der Telekinese scheinen im Gegensatz zu den fortgeschritteneren Formen der Telekinese besondere Voraussetzungen zu haben – zumindestens reicht es da nicht mehr aus, jemandem zu zeigen, wie man das macht, oder es einfach eine Zeitlang zu üben.

Den beiden einzigen Menschen, den ich kennengelernt habe, die fortgeschrittene Telekinese „abrufbar" beherrschen, sind Daskalos und Frater V.D.

Daskalos hat das Rückgrat einer Freundin von mir, das sehr krumm war, mit „Handauflegen" geheilt und so gerichtet, daß sie anschließend eine hauptberufliche Tänzerin werden konnte. Leider weiß ich nicht, wie Daskalos das gemacht hat – wobei ich vermute, daß es dabei nicht um eine handwerkliche Methode geht, sondern um eine innere Haltung.

Frater V.D. hat u.a. Fernstöße gelernt, d.h. das physische Umstoßen von Menschen, die einige Meter entfernt stehen – ohne jegliche physische Berührung. Er sagt, daß man das nicht „macht", sondern „geschehen läßt" – es gibt auch hier keine handwerkliche Anleitung.

Es weiß von noch mehr Menschen, die diese Fernstöße beherrschen, aber sie habe ich nicht persönlich kennengelernt.

Es gibt bei der fortgeschrittenen Telekinese ein auffälliges Merkmal: Man muß die Magie ungestört wirken lassen, da sie sich sonst nicht entfalten kann. Dieses Merkmal kann verschiedene Formen annehmen:

Manchmal wünscht man sich etwas „so nebenbei" ohne jeglichen Nachdruck, aber auch ohne jegliche innere Zweifel an dem Wunsch und auch ohne jeden inneren Widerspruch zu diesem Wunsch. Diese Wünsche neigen dazu, sehr schnell in Erfüllung zu gehen. Bei mir ist das immer ziemlich genau eine halbe Stunde – egal, ob ich mir ein zweites Fahrrad (für Besucher für gemeinsame Fahrradtouren) oder eine Beziehung wünsche (ich lernte die Frau dann nach einer halben Stunde kennen).

Das funktioniert jedoch nur dann, wenn dieser Wunsch wirklich völlig entspannt und von einer leichten Vorfreude erfüllt ist.

Bei der Sigillen-Magie ist es üblich, sich auf das Symbol, mit dem man seinen Wunsch in die Welt hinein aussendet, zunächst eine kurze Zeit lang intensiv zu konzentrieren, aber dann das Symbol und das gesamte Ritual nach dem Ende des Aussendens zu vergessen.

Dieses Vergessen ist eine Form der Nicht-Einmischung – man läßt den Wunsch ungestört wirken. Das entspricht der entspannten Vorfreude und dem „nicht weiter beachten" bei der vorigen Methode.

Eine dritte Methode ist vor allem in kleinen spirituellen Gemeinschaften wie Yoga-Sekten, Hexen-Coven, Magier-Orden u.ä. zu finden. In diesen Gemeinschaften ist es üblich, sich alles zu wünschen, was man braucht – und es auch zu erhalten. So setzen sich die Gemeinschaften der Jesus-People morgens zusammen und schreiben alles, was sie an diesem Tag brauchen, auf einen Zettel und bitten Jesus im Gebet darum, ihnen diese Dinge zu senden – was dann auch geschieht.

Hier übernimmt das völlige Vertrauen in eine Gottheit o.ä. die Aufgabe, dafür zu sorgen, daß der Wunsch sich ungehindert realisieren kann. Auch ein vollkommenes Vertrauen zieht den ausgesprochenen Wunsch nicht in Zweifel – man braucht ihn daher nicht zu vergessen.

Bei diesen drei Methoden zeigt sich, daß zumindenstens ein zweifelnder Verstand ein großer Störfaktor beim Ausüben von effektiver Magie sein kann. Die Überzeugung, daß die eigene Magie erfolgreich sein wird, fördert hingegen die Effektivität dieser Magie. Was für die Magie gebraucht wird, ist also auch eine Eindeutigkeit und Einsgerichtetheit, die nicht schwankt: eine klar ausgerichtete Absicht, die koordiniert und eindeutig wie ein Laserstrahl ist.

Dann gibt es einige Formen der Magie, die ganz offensichtlich den Naturgesetzen widersprechen. Auch bei ihnen lassen sich einige Regelmäßigkeiten beobachten.

Bei einem Feuerlauf geht man barfuß über 600-800° heiße, glühende Holzkohlen – bei diesen Temperaturen brennt jedes Schnitzel sofort an ... Das Interessante am Feuerlauf ist, daß es keine Regeln zu geben scheint – außer der, daß das Richtige geschieht, also das, was zu dem betreffenden Feuerläufer paßt.

Ich habe die Regeln des Feuerlaufs zu erforschen versucht: Man soll zügig hinüber geben – also bin ich in der Mitte der Glut stehen geblieben; dann hieß es, daß das nur mit den Fußsohlen geht – also habe ich die Glut in die Hände genommen und in die Luft emporgeworfen; dann habe ich mich ausgezogen und nackt in die Glut gelegt (ein geniales Erlebnis!); dann habe ich mit Glutstückchen Kirschkern-Spucken gespielt; schließlich habe ich Glutstücke aufgegessen ... dann fielen mir keine neuen Experimente mehr ein ...

Ich habe vor allem Menschen gesehen, die freiwillig über die Glut gingen – aber einmal hat auch eine Frau ihre Freundin einfach mitgezogen und in einem anderen Fall ist ein dreijähriges Kind ihrer Mutter einfach hinterhergelaufen, obwohl es vor der Glut stehen beliehen sollte. Eine Frau hat ihre Nylon-Strümpfe nicht ausgezogen – kein Problem …

Ich habe auch gesehen, daß eine Frau, die schon jahrelang bei Feuerläufen assistiert hat, nach dem Laufen über das Feuer ohnmächtig geworden ist – sie hatte eine Blase an ihrem Fuß, die derart heftig wehgetan hat, daß sie es nicht mehr ausgehalten hat. Nachdem sie wieder zu sich gekommen war, hat sie noch drei Stunden gegen den Schmerz angekämpft, bis sie schließlich in Weinen ausgebrochen ist. Wie sie nachher gesagt hat, war das das Beste, was ihr geschehen konnte – sie hatte noch nie geweint, weil sie zeitlebens ihrem Vater zu beweisen versucht hat, daß sie stark ist. Diese Prägung ist durch dieses Feuerlauf-Erlebnis zusammengebrochen, sodaß die Frau anschließend deutlich lebendiger war.

Es gibt auch durchaus verbrannte Füße – das habe bisher aber nur einmal bei einem Mann gesehen, der mit seinem Feuerlauf angeben und zeigen wollte, wie groß und toll er ist. Das hat nicht geklappt – worüber er im Nachhinein auch froh war.

Man kann den Feuerlauf als eine Form der Telekinese ansehen, aber es hat den Anschein, als ob die Gründe für ihr Funktionieren oder Nicht-Funktionieren außerhalb der Absichten des Feuerläufers liegen würden – das Feuer entscheidet selber, was es macht, und es scheint zu wissen, was für den Betreffenden gut ist …

Auf jeden Fall ist das Funktionieren eines Feuerlaufen in keiner Weise von Wissen, Übung, Tricks und ähnlichen Dingen abhängig.

Alle Materialisation, die ich bisher erlebt habe oder über die mir von Menschen berichtet worden sind, deren Aufrichtigkeit und Beobachtungsgabe ich vertraue, sind absichtlich geschehen.

Die Schokoladentafeln, die manchmal bei spiritistischen Sitzungen erscheinen, tauchen ohne besonderen Wunsch nach ihnen auf (dies habe ich schon des öfteren gehört).

Manchmal erscheinen auch bei einem Ritual auf dem Altar auf einmal Dinge, die zu dem Ritual passen, aber die vorher nicht da gewesen sind.

Ich selber habe einmal eine Kette mit einem goldenen Christus und eine zweite Kette mit einem silbernen Drachen auf einem öffentlichen Pflasterstein-Platz mit den Worten „Für den, für den sei bestimmt sind." niedergelegt, weil ich das Gefühl hatte, daß ich sie loslassen müßte. Nach drei Monaten bin ich noch einmal an diese Stelle gegangen, aber die Ketten waren fort – Gold und Silber bleiben nicht drei Monate lang auf einem öffentlichen Platz auf der Erde liegen … Da habe ich mich kurz umgeschaut und als ich dann wieder auf diese Stelle auf dem Boden geblickt habe, lagen die beiden Ketten wieder dort … Derjenige, für den sie bestimmt waren, bin offenbar ich selber gewesen. Über dieses Phänomen der De-Materialisierung und der Re-Materialsierung kann man sagen, daß es ohne Absicht geschehen ist, aber zu der Situation gepaßt hat.

Wenn man sich in historischen Berichten umschaut, fällt u.a. auf, daß Christus vor jeder seiner Wundertaten Gott gedankt hat, daß er ihm seinen Wunsch erfüllen wird. Offensichtlich ist Jesus vollkommen davon überzeugt gewesen, daß Gott ihm seinen Wunsch gewähren wird. Eine größere Sicherheit, Einsgerichtetheit und Eindeutigkeit und ein größeres Vertrauen sind kaum noch denkbar. Und seine Wunder haben die Naturgesetze schon recht gründlich auf den Kopf gestellt: Kranke heilen, über Wasser gehen, Wasser in Wein verwandeln, Tote wieder zum Leben erwecken usw. Dieser Dank an Gott im Voraus ist das einzige, was sich als „Methode" erkennen läßt – die Magie selber ist dann „einfach so" geschehen.

Dasselbe läßt sich bei dem Propheten Elias und seinem Schüler Elisa beobachten: das Trennen der Fluten des Jordan, die Verwandlung von Gift in Wein, das Herabrufen von Feuer vom Himmel, das Wiederbeleben von Toten usw. geschah auch hier nur durch eine einfache Geste, die meistens mit einer Bitte an Gott verbunden gewesen ist.

Auch wenn man sich in Indien umschaut, sieht man, daß die Yogis, die Mahasiddhis und sonstigen Heiligen ihre Wundertaten ohne jegliche Vorbereitung, ohne Ritual, ohne lange Texte, ohne Konzentrationsübungen u.ä. vollbringen. In manchen Fällen haben diese Yogis usw. auch einfach ihre Fähigkeiten Zweiflern gezeigt, um ihnen die Richtigkeit ihrer eigenen Weltanschauung zu demonstrieren.

Dasselbe gilt auch für die Magier in der germanischen, keltischen, finnischen, sibirischen usw. Tradition – das Auslösen einer großen magischen Wirkung erfordert keine große äußere und innere Handlung.

Über alle diese „Wunder-Täter" ist jedoch bekannt, daß sie zuvor eine Zeit der Meditation und des Rückzugs in die Einsamkeit durchlaufen haben, nach der sie dann in der Lage waren, Wunder auszuüben.

Hier lassen sich drei Fälle unterscheiden: 1. Manche Materialisationen geschehen spontan; 2. beim Feuerlauf kann man bewußt die Grenzen des Möglichen immer weiter ausdehnen; 3. nach einer langen Übungsphase kann man auch absichtlich und gezielt Wunder vollbringen.

Es gibt noch ein Element, das diesen Wundern gemeinsam ist: Alle Wunder wurden nicht für sich selber, sondern für einen übergeordneten Zweck durchgeführt. Auch meine Feuerlauf-Experimente dienten nicht der Selbstdarstellung, sondern waren zum einen Forschung und zum anderen einfach ein ungeheuer großer Spaß.

Von dieser Regel habe ich nur zwei Ausnahmen gefunden: 1. Der Prophet Elisa hat, nachdem er bei dem Tod seines Lehrers Elias von ihm einen Segen erhalten hat, diesen Segen überprüft, indem er dem Fluß Jordan befohlen hat, anzuhalten und ihn trocken durch das Flußbett auf die andere Seite gehen zu lassen – was der Fluß auch getan hat. 2. In der Kampfmagie sind gezielte Fernstöße u.ä. möglich.

Falls es die Regel geben sollte, daß Wunder immer zum Nutzen eines größeren Ganzen geschehen, würde das bedeuten, daß die Selbstverteidigung (Kampfmagie), die Forschung (Elisa, Feuerlauf) und der Spaß (Feuerlauf) eine ausreichende Motivation sind. Vielleicht muß dieser Punkt aber auch noch anders formuliert werden.

Es lassen sich von der Vorgehensweise her sechs Formen unterscheiden:

1. Magie, die jedem jederzeit möglich ist:
   - Warnungs-Telepathie (von hinten angestarrt werden)
   - Wahrträume (die Ereignisse des nächsten Tages träumen)

2. Magie, die durch eine Anleitung möglich wird:
   - Telepathie („Bild in Umschlag"-Versuch)
   - Telekinese („Papier-Rädchen"-Versuch)

3. Magie, die durch Übung möglich wird:
   - Traumreisen-Telepathie
   - Talisman-Magie
   - Sigillen-Magie

4. Magie, die ohne Vorbereitung, aber mit großer Motivation gelingt:
   - Spontanheilungen
   - Heilungen
   - Fernstöße

5. Magie, die durch Einsgerichtetheit gelingt:
   - etwas nebenbei wünschen
   - den Wunsch vergessen
   - der Wunscherfüllung vollkommen vertrauen

6. Magie, die auf ein übergeordnetes Ziel ausgerichtet ist:
    - Selbsterhaltung
    - Forschung, Erkenntnis
    - Spaß (Feuerlauf)
    - Genuß (Wasser in Wein verwandeln)
    - Heilung

Es fällt auf, daß sich die telepathischen Phänomene bei Punkt 1., 2. und 3. finden, die telekinetischen Phänomene hingegen bei Punkt 2. bis 6. Offensichtlich ist in der Magie die Wahrnehmung (Telepathie) einfacher zu erlernen als die Handlung (Telekinese).

I 3. Das Erlebnis

Der dritte Punkt, den man nach den Phänomenen und der Vorgehensweise untersuchen kann, ist das subjektive Erlebnis bei den verschiedenen Arten der Magie.

Zunächst einmal gibt es da die beiden Arten der Spontan-Magie, also das Spüren, daß man angestarrt wird, und die Wahrträume.

Das Angestarrtwerden führt zu einer diffusen Unruhe und einem suchenden Umherblicken.

Die Wahrträume führen meistens nur zu Verwunderung. Manchmal erkennen die Betreffenden auch schon am Morgen beim Erwachen, daß ein Traum eine Wahrtraum gewesen ist und daß sie das Geträumte heute erleben werden – doch das ist eher selten. Meistens erinnern sie sich beim Erleben am Tage an den Traum aus der letzten Nacht.

Auch bei den einfachen Magie-Experimenten wie dem mit den Postkarten in den Briefumschlägen oder dem mit dem Papier-Rädchen tritt zunächst meist Verwunderung auf, weil das Erlebnis nicht in das bisherige Weltbild paßt, aber die meisten Menschen gewöhnen sich erstaunlich schnell daran, daß es diese Möglichkeiten gibt. Da scheinen die meisten Menschen recht pragmatisch veranlagt zu sein.

Das Üben von Konzentration und Imagination finden die meisten Menschen eher lästig und suchen daher nach Abkürzungen. Zu diesen Vereinfachungen gehören u.a. Traumreisen (bei denen man das Imaginieren nebenbei lernt), die

Sigillen-Magie (die eine nur sehr kurze Konzentration erfordert) und die Sexual-Magie (die die Konzentration durch die Koppelung an die Sexualität erleichtert).

Diese Übungen steigern die Effektivität der Magie bis auf ein bestimmtes Niveau, das sich dann jedoch nicht mehr weiter erhöhen läßt.

Das Benutzen des „Wunsch-Vergessens", des Vertrauens in eine Gottheit und das „so nebenbei wünschen" steigern die Effektivität der Magie sehr deutlich. Sie wird zugleich weitgehend mühelos.

Das subjektive Erleben von „Wundern" ist nicht so leicht zu beschreiben, weil es nicht einfach ist, jemanden zu finden und zu interviewen, der Wunder vollbringen kann …

Von mir selber weiß ich, daß es einen bestimmten Geisteszustand gibt, der solchen Ereignissen vorausgeht. Es ist ein tiefes, widerspruchsfreies Gefühl von Richtigkeit. Dabei will ich etwas oder wünsche etwas, aber versuche nichts zu erzwingen – es ist mehr so, daß ich erkenne, daß etwas richtig wäre oder richtig ist. Daraus ergibt sich dann alles andere – von vollkommen absurden Zufällen (eine große Meereswelle spült mir eine goldene Kette vor die Füße, die genau so aussieht wie die, die ich mir gerade gewünscht habe) bis hin zu „nackt ins Feuer legen" und Materialisationen. Auch bei meinen Feuerläufen hatte ich dieses Gefühl von Richtigkeit, das sich manchmal zu einem Gefühl von großem Spaß und schalkhafter Freude gesteigert hat. Manchmal ist es auch das Gefühl gewesen, Teil von etwas Größerem zu sein oder sich vollkommen einer Gottheit anzuvertrauen.

Ein Magier, den ich seit einigen Jahrzehnten kenne, hat die Entwicklung zu dem Zustand, in dem man außerordentliche Magie vollbringen kann, dadurch beschrieben, daß er erlebt, daß er in etwas Größeres integriert wird – in eine Gottheit oder wie man dieses Größere auch immer nennen möchte. Er empfindet es so, daß er bei Wundern nicht selber handelt, sondern daß etwas durch ihn hindurch handelt.

Bei den Berichten über Yogis, Mahasiddhis, Medizinmännern, Schamanen, Heiligen, Religionsgründern usw. findet man immer wieder, daß sie aus einer tiefen Überzeugung heraus, aus dem Gefühl von Richtigkeit und in völligem Vertrauen in einen Lehrer, Guru oder eine Gottheit gehandelt haben, wenn sie ihre Wunder vollbracht haben. Naropa hat auf seinen Guru Tilopa vertraut, Christus hat auf Gott, Johannes den Täufer, Elias und Moses vertraut, die Druiden haben auf ihren Lehrer-Druiden vertraut usw.

Oft gibt es auch eine Übertragungslinie wie „Buddha … Tilopa – Naropa – Marpa – Milarepa … Dalai Lama" oder „Moses … Propheten … Elias – Elisa

… Johannes der Täufer – Christus – Petrus … Papst". Solche Übertragungslinien bestehen aus einem ersten Lehrer und dessen Schüler, der wiederum einen Schüler hat, der wiederum einen Schüler hat usw. Dabei wird dem Schüler „Belehrung und Kraftübertragung" gegeben. Die Belehrung gibt Sachkenntnis und Knowhow, die Kraftübertragung verbindet den Schüler mit einer Gottheit oder dem ersten Lehrer. Die Belehrung ist der Apparat, die Kraftübertragung ist der Stromanschluß …

Das markante Element bei den Wundern, also bei der außerordentlichen Magie, ist offenbar der Anschluß an etwas Größeres, das vorzugsweise eine Gottheit ist.

I 4. Der Lebensbaum

Den gesamten kabbalistischen Lebensbaum zu beschrieben, würde zu umfangreich werden. Der Teil des Lebensbaumes, der in diesem Zusammenhang wichtig ist, ist die sogenannte „Mittlere Säule", die der Mittelteil des Lebensbaumes ist. Sie besteht aus fünf Bereichen, die übereinander angeordnet sind:

Kether:	der Eine Gott
Da'ath:	eine Gottheit
Tiphareth:	eine Seele
Yesod:	eine Psyche
Malkuth:	ein Körper

Malkuth

In Malkuth wirken nur die „normalen" kausalen Naturgesetze – der Körper handelt nur auf kausale Weise.

Yesod

In Yesod wirkt auch die einfache Magie: Angestarrtwerden-Bemerken, Wahrträume, Telepathie und Telekinese mit Anleitung u.ä. Hierhin gehört auch die Magie, die man durch Übung erlangen kann. Dies ist der Bereich der Psyche und der Lebenskraft.

Tiphareth

In Tiphareth befindet sich die eigene Seele – man erlebt die eigene Mitte. Um dauerhaft dorthin zu gelangen, muß man die eigene Psyche heilen, d.h. von Ängsten, Süchten, Widersprüchen, Traumata u.ä. befreien. Die Wirkung davon ist allen Magiern gut bekannt: Mit inneren Widersprüchen kann man keine Einsgerichtetheit erreichen und ohne diese Einsgerichtetheit bleibt die Wirkung der Magie recht klein – und das Ergebnis der Magie enthält auch den Widerspruch in der Motivation …

Die innere Widerspruchsfreiheit führt hingegen zur Eindeutigkeit und Einsgerichtetheit und somit zu einer größeren magischen Wirkung. In diesem Zustand tut man genau das, was man will.

Da'ath

In Da'ath befinden sich die Gottheiten. So wie die Psyche und die Lebenskraft den Körper gestalten, so prägt auch die Seele die Psyche – und so prägt auch eine Gottheit die Seele. Die Seele ist sozusagen ein Tropfen von dem Meer einer Gottheit.

Dieser Bezug der Seele (Tiphareth) zu einer Gottheit (Da'ath) zeigt sich in der außerordentlichen Magie, also in der Da'ath-Magie an mehreren Stellen:

- in dem Erlebnis des Findens der eigenen Schutzgottheit, d.h. der Gottheit, von der die eigene Seele ein Teil ist,
- in der Kraftübertragung, d.h. in der Herstellung der Verbindung zu einer Gottheit,
- in dem vollkommenen Vertrauen in eine Gottheit,
- in dem Integriertwerden in etwas Größeres,
- in dem Gefühl der Richtigkeit, d.h. des Einklangs mit einer Gottheit, und
- darin, daß bei den Wundern etwas durch einen hindurch handelt.

Man kann also sagen, daß die Grundlage der Da'ath-Magie die Verbindung zu der eigenen Schutzgottheit ist.

Da Gottheiten zwar einen klar definierten Charakter haben, aber abgrenzungslos sind, ist auch der Da'ath-Bereich abgrenzungslos – deshalb ist auch die Wirkung der Da'ath-Magie abgrenzungslos.

Man kann die Grundlage der Da'ath-Magie als die dauerhafte Invokation der eigenen Schutzgottheit oder einer allgemeinen Gottheit (Christus, Krishna, Allah, Shiva, Osiris usw.) auffassen. Die Hingabe an diese Gottheit führt dann zu Integration in diese Gottheit. Es ist zwar naheliegend, sich in die eigene Schutzgottheit hinein zu integrieren, aber man gelangt durch die Selbst-Integration in jede Gottheit in den Da'ath-Zustand der Abgrenzungslosigkeit.

Kether

Eine Form der Kether-Magie ist mir nicht bekannt – vermutlich ist man in Kether einfach das, was man ist ... und hat keinerlei Motivation, daran irgendetwas zu ändern – was ja in einem Zustand, der eine Einheit ist, ja auch garnicht denkbar ist, da es dort keinen Raum für eine Veränderung gibt.

II Der Charakter der Da'ath-Magie

Diese bisher noch ein wenig abstrakte Darstellung der Da'ath-Magie kann man mithilfe von einigen Betrachtungen und Beispielen etwas greifbarer werden lassen.

II 1. Grundlage

Zunächst einmal gibt es allgemein zugängliche bzw. wirksame Formen der nicht-physikalischen Zusammenhänge bzw. Wirkungen:

Allgemeine Formen der nicht-physikalischen Zusammenhänge sind die Astrologie, die Omen und die Orakel, die alle zeigen, daß es eine Analogie-Ordnung in der Welt gibt, d.h. daß Dinge im Zusammenhang miteinander stehen und sich im Einklang miteinander entwickeln.

Dies ist zwar keine zwingende Voraussetzung für die Existenz von abgrenzungslosen Zuständen, aber es paßt gut zu solchen Zuständen. Eine Analogie-Ordnung in einem abgrenzungslosen Bereich läßt vermuten, daß dieser Bereich etwas Organisches hat – was gut zu der Vorstellung von Gottheiten passen würde.

Spezielle Formen der nicht-physikalischen Zusammenhänge sind die einfache Telepathie (Angestarrtwerden) und die einfache Telekinese (Papierrädchen).

Sie zeigen, daß jeder diese Fähigkeiten hat und daß daher wohl alle Dinge auch auf diese Weise miteinander verknüpft sein werden. Wenn man davon ausgeht, daß alle Dinge, also nicht nur Menschen, in telepathischen Zusammenhängen stehen (auch Tiere können das Angestarrtwerden spüren und Pflanzen reagieren auf Gedanken), dann gibt es eine Art telepathisches Bewußtseinsnetz zwischen allen Dingen.

Dasselbe sollte auch für die Telekinese zutreffen.

In der klassischen Physik, insbesondere in der Mechanik, sind alle Dinge klar voneinander getrennt und abgegrenzt. Das entspricht der Betrachtung der Welt von einem Yesod-Standpunkt aus.

In der modernen Physik gibt es diese Abgegrenztheit jedoch nicht mehr: Alles wirkt auf alles, Raum und Zeit sind die beiden Aspekte der Raumzeit-Einheit (Relativitätstheorie), Materie ist „gefrorene Energie" ($E=mc^2$),

Energie ist eine Form der Raumzeit, Quanten sind nicht fest abgegrenzt, die Heisenberg'sche Unschärfe-Relation beschreibt unscharfe Übergänge, unterhalb einer bestimmten Größe gibt es nur noch den vollkommen chaotischen „Quantenschaum", im Elementarteilchen-Bereich gelten teilweise nur noch statistische Regeln, aber keine Kausalität mehr usw.

Diese Liste ließe sich noch weiterführen und sehr ausführlich darstellen – das Wichtige ist jedoch lediglich, daß auch in der Physik diese Ebene der Abgrenzungslosigkeit entdeckt worden ist.

II 2. Yesod und Da'ath

Die bekannteste Bezeichnung für die eben beschriebene Grundlage des abgrenzungslosen Bewußtseins-Zustandes ist „kollektives Unterbewußtsein". Telepathie und Telekinese sind die Wahrnehmungen und Wirkungen im kollektiven Unterbewußtsein.

Auf dem kabbalistischen Lebensbaum ist der Bereich von Yesod das individuelle Unterbewußtsein und Da'ath der Bereich des kollektiven Unterbewußtseins, d.h. der Bereich der Gottheiten und der „übergeordneten Wesen". Diese „übergeordneten Wesen" sind das Gesamtbewußtsein z.B. aller Menschen, in dem alle derzeitigen Wahrnehmungen und alle Erinnerungen an frühere Wahrnehmungen enthalten sind. Dieses Bewußtsein entspricht dann in etwa der Großen Mutter, dem Urmenschen oder Gott.

Dem „Gruppen-Bewußtsein" der Menschen entsprechen die Tiermütter bei den Tieren, denen man u.a. auf den Traumreisen zu den Krafttieren begegnen kann. Sie sind die Weiße Wölfin, die Weiße Büffelfrau, der Weiße Elefant usw. Diese Tiermütter werden „weiß" oder manchmal auch „groß" genannt, weil sie in Traumreisen zwar in der Gestalt der betreffenden Tierart erscheinen, aber zum einen deutlich größer sind und zum anderen aus einem milchigweißen, leuchtenden Nebel bestehen. Dieser weiße Nebel ist die übliche Wahrnehmung der Lebenskraft. Sie wird manchmal auch „Rauch" und seltener auch „Licht" o.ä. genannt.

Den Gottheiten der Menschen und den Tiermüttern der Tiere entsprechen bei den Pflanzen die Elfen. Sie sind das Gesamt-Bewußtsein einer Pflanzenart, das „übergeordnete Wesen" dieser Pflanzenart. Sie haben normalerweise nicht die oft dargestellte, niedliche oder erotisch angehauchte Gestalt vieler Elfen-Darstellungen, sondern spiegeln das Wesen der betreffenden Pflanzenart wieder.

Bei den Mineralien finden sich diese „übergeordneten Wesen" als Zwerge wieder – wobei man sich auch hier keine kleinen Männchen mit Bart und Zipfelmütze vorstellen sollte.

Die oft menschliche Gestalt der „Pflanzen-Geister" und der „Stein-Geister" sind nur Übersetzung des Wesens des Gesamt-Bewußtseins dieser Art, also ihres kollektives Unterbewußtseins, in die menschliche Bilderwelt. Die Tiere als „sich bewegende Wesen" sind den Menschen offenbar ähnlich genug, um in der Regel nicht in eine menschliche Gestalt übersetzt werden zu müssen. Solche Verwandlungen von Tieren in eine menschliche Gestalt kommen nur hin und wieder vor: bei den ägyptischen Tiergottheiten, in Traumreisen bei Krafttieren, in Märchen, in Mythen u.ä. – aber das sind eher seltene Fälle.

Diesen „übergeordneten Wesen" begegnet man auch in der Wirkung von homöopathischen Kügelchen, die man eingenommen hat – man verbindet sich mit dem kollektiven Unterbewußtsein der betreffenden Tierart, Pflanzenart oder Steinart.

Man kann die Gesamtheit dieser Wesen, also der Großen Mutter der Menschen, der Tiermütter, der Pflanzen-Elfen und der Mineralien-Zwerge als „Gaia" bezeichnen, also als das gesamte, alles umfassende kollektive Bewußtsein der Erde.

Man kann natürlich noch über die Erde hinausgehen und sich ein kosmisches kollektives Unterbewußtsein vorstellen, aber normalerweise wird man nicht so weit zu denken brauchen.

II 3. Abgrenzungslosigkeit

Die Abgrenzungslosigkeit findet sich am klarsten in Buddhas Schriften dargestellt. Buddha zufolge ist ein Erleuchteter durch vier „grenzenlose Zustände" gekennzeichnet:

- Er hat einen <u>grenzenlosen Gleichmut</u>, d.h. er betrachtet alle Dinge und sieht sie so, wie sie sind – ohne etwas dazuzutun oder fortzulassen. Er ist in seiner Wahrnehmung aufrichtig – er sieht alle Dinge, wie sie sind. Er ist gelassen und akzeptiert, daß die Welt ist, wie sie ist – er macht sich nichts selber vor. Er hat keine Ängste, Süchten oder Traumas mehr, die ihm seinen Blick auf die Welt trüben könnten. Daher enthält sein Bewußtsein nicht mehr nur die Bilder seiner eigenen Psyche, sondern die Bilder des gesamten kollektiven Unterbewußtseins.

- Er hat ein <u>grenzenloses Mitgefühl</u>, weil er seine Wahrnehmung für die gesamte Welt geöffnet hat und auch die Gefühle der anderen wahrnimmt. Er besitzt sozusagen eine vollkommene Telepathie – er ist in dem kollektiven Unterbewußtsein zuhause, er ist in dem kollektiven Unterbewußtsein voll wachbewußt, er befindet sich auf einer ständigen, alles umfassenden Traum-reise.

- Er hat eine <u>grenzenlose Liebe</u>, weil er sich nicht mehr als von den anderen getrennt wahrnimmt. Sein Bezugsrahmen ist nicht mehr seine eigene Psyche (Yesod), sondern das kollektive Unterbewußtsein (Da'ath). Dadurch entsteht die Motivation, den anderen genauso zu helfen wie sich selber: Sein auf sich selber beschränkter Egoismus hat sich zu einem Menschheits-Egoismus ge-weitet. Das Streben nach dem eigenen Vorteil hat sich zu einem Streben nach dem Vorteil der Menschheit geweitet, weil er sich als Teil der Menschheit erlebt – das kollektive Unterbewußtsein ist in ihm erwacht und handelt nun durch ihn zu dem Vorteil der Menschheit als Ganzes. Der Grund für diese liebevolle Ausrichtung ist ganz schlicht, daß er erkennt, daß sein eigenes Glück am größten sein wird, wenn alle glücklich sind – schließlich erlebt er sich nicht mehr als isolierte Psyche, sondern als die Gesamt-Psyche der Men-schen, also als das kollektive Unterbewußtsein.

- Er hat eine <u>grenzenlose Freude</u>, weil er sich als Teil des Ganzen erlebt. Freude entsteht, wenn etwas Kleines mit etwas anderem zusammen schwingt und dadurch ein größeres Schwingen entsteht. Das geschieht im Inneren, wenn man etwas Verdrängtes wieder integriert hat, und das geschieht im Außen, wenn man etwas gemeinsam mit jemand anderem macht. Wenn sich nun die Psyche in das kollektive Unterbewußtsein hinein integriert, entsteht eine besonders große Freude, da das kollektive Unterbewußtsein so groß ist. Da in ihm auch ständig so viele neue Dinge geschehen (die Erlebnisse aller Menschen) ist auch diese Freude durch das, was ständig neu hinzukommt, grenzenlos.

Ähnliche Beschreibungen findet man manchmal in den Yoga-Schriften oder in den Berichten von christlichen Mystikern, islamischen Sufis, Kabbalisten u.ä.
Ein umfassenderes Konzept, daß nicht nur die Menschen, sondern alle lebenden Wesen umfaßt, findet sich hauptsächlich in Indien sowohl im Buddhismus als auch im Hindhuismus. Im Christentum ist solch ein Blick eher die Ausnahme – am bekann-testen ist noch die Predigt für die Vögel durch den heiligen Franziskus.

Eine praktische Anwendung dieser Möglichkeiten der Bewußtseins-Erwei-terung findet sich ganz am Ende in dem Film „Avatar" dargestellt, in dem ein Gemeinschafts-Ritual gezeigt wird, durch das das Bewußtsein des Jack Sully von seinem menschlichen Körper in seinen Avatar-Körper übertragen wird.
Diese Form der fortgeschrittenen Magie ist an das „Phowa" aus den „Sechs

Yogas des Naropa" aus dem tibetischen Buddhismus übernommen worden. Beim Phowa wird die Abgrenzungslosigkeit auf sehr konkrete Weise angewendet, indem ein sterbender Lama sein Bewußtsein in die Leiche eines jungen Menschen, der gerade gestorben ist, überträgt und dann diesen neuen Körper wiederbelebt und ihn dann noch für einige Jahre „bewohnt".

II 4. Eigenschaften des Da'ath-Zustandes

Es lassen sich nach diesen Betrachtungen einige Eigenschaften der Da'ath-Magie sowie des Zustandes, in dem man eine solche Magie ausüben kann, beschreiben.

Zunächst einmal sind die Menschen bei der Da'ath-Magie einsgerichtet. Dies ist jedoch eine entspannte Einsgerichtetheit, also nicht die verkrampfte Einsgerichtetheit, die aus einem Trauma oder aus Fanatismus heraus entsteht. Man weiß, was man will, und strengt sich nicht dafür an, daß man das erreicht, was man will – man tut es einfach und es geschieht.

Das Ausüben von Da'ath-Magie ist mühelos – der Da'ath-Zustand, in dem man sie ausüben kann, ist allerdings nicht so einfach zu erreichen.

Man erlebt sich als Teil von etwas Größerem, als etwas, das in etwas Größeres hinein integriert worden ist, als etwas, durch das etwas Größeres handelt. Man kann dies „Gott" nennen oder „die eigene Schutzgottheit" oder den „Lebensfluß", aber die Vorstellung ist dabei immer etwas Größeres, aus dem heraus man existiert und handelt. Der Einklang mit diesem Größeren macht die eigene Magie zur Da'ath-Magie.

Eine Vorstufe dazu ist das Gefühl, von Gott bzw. von den Göttern geführt zu werden – man beginnt sich als Teil eines Kontinuums zu erleben, als fest integrierter Teil der Welt.

Jeder Mensch hat seinen eigenen Charakter, seine eigene Biographie und sein eigenes Horoskop und ist daher anders als alle anderen. Das ändert sich auch nicht durch den Da'ath-Zustand. Allerdings lassen sich bei Menschen im Da'ath-Zustand zwei Eigenschaften beobachten, die in der Form auftreten, die dem jeweiligen Menschen entspricht: Vertrauen und Verantwortung.

Dieses Vertrauen entsteht aus dem Erleben heraus, daß man Teil des Ganzen ist und von dem Ganzen getragen wird – die Verantwortung entsteht aus dem Erleben heraus, daß man Teil des Ganzen ist und deshalb das Ganze trägt.

Diese beiden Eigenschaften können jedoch, wie gesagt, in recht verschiedenen Formen auftreten.

Schließlich gibt es noch etwas, das man als den „Zustand der vollkommenen Richtigkeit" nennen könnte: Man tut ohne jede Einschränkung genau das, was man will.

Manche stellen dies als einen Zustand dar, den sie mit Mühe durch eine Heilung gefunden haben, für andere ist er ein kriegerischer Zustand der Selbstbehauptung, für wieder andere ein Gottesgeschenk … auch hier gibt es sehr viele verschiedene Deutungen dieses Zustandes der Richtigkeit.

Manchmal wird er auch mit dem englischen Begriff „bliss" („Segen") umschrieben.

Bisweilen kommt im Da'ath-Zustand auch ein erweitertes Bewußtsein für die eigene Seele hinzu, in der die Reinkarnationen der eigenen Seele deutlicher werden. Dabei verschiebt sich der eigene „Identitäts-Mittelpunkt" von der eigenen Psyche über die Absicht der eigenen Seele für ihre derzeitige Inkarnation, dann weiter zu dem Bewußtsein der eigenen Seele über ihre gesamten Inkarnationen und schließlich hin zu der eigenen Schutzgottheit.

Doch dies ist eher eher ein Nebeneffekt des Da'ath-Zustandes als ein zentraler Teil dieses Bewußtseins bzw. der von ihm aus stattfindenden Magie.

II 5. Die Arten der Magie

An dieser Stelle ist möglicherweise eine kleine Übersicht hilfreich. Die Mittlere Säule des Lebensbaumes beschreibt fünf Stufen der Entwicklung, die sich auch in der Magie wiederfinden – zum einen in der Art der Wahrnehmung und zum anderen in den Handlungsmöglichkeiten. Zudem fühlt sich das Bewußtsein auf jeder dieser fünf Ebenen verschieden an.

1. Stufe: Malkuth

<u>a) Bereich</u>: die Vielheit

<u>b) Wesensteil</u>: der Körper

<u>c) Bewußtsein</u>: Wachbewußtsein

<u>d) Wahrnehmung</u>:

- Man nimmt mit den Sinnesorganen wahr, insbesondere mit den Augen (Lichtstrahlen werden von dem Auge wahrgenommen).

- Es wird die äußere Welt wahrgenommen.

<u>e) Handlung</u>: Man handelt mit dem physischen Körper in der physischen Welt.

2. Stufe: Yesod

<u>a) Bereich</u>: das Organische

<u>b) Wesensteil</u>: die Psyche

<u>c) Bewußtsein</u>: Unterbewußtsein

<u>d) Wahrnehmung</u>:

- Man nimmt wie im Traum wahr: Ein diffuses Licht erhellt alles, die Bilder sind grau mit wenig Farbe, alles bewegt sich.

- Man nimmt die innere Welt (und somit indirekt auch die äußere Welt) wahr. Dies geschieht mithilfe der Telepathie (Wahrnehmung der Lebenskraft).

<u>e) Handlung</u>: Man handelt mithilfe der Lebenskraft, d.h. mithilfe der Telekinese in dem Bereich der Lebenskraft. Dabei handelt man entweder ungeübt oder man hat das Lenken der Lebenskraft geübt und handelt deutlich effektiver mithilfe von Konzentration und Imagination, wobei man Rituale, Sigillen u.ä. als Hilfsmittel benutzt. Durch die Magie erreicht man einzelne, kleine Ziele, die nicht unbedingt im Einklang mit anderen eigenen Zielen stehen müssen.

3. Stufe: Tiphareth

      a) Bereich: das Zentrum

      b) Wesensteil: die Seele

      c) Bewußtsein: Tiefschlaf

      d) Wahrnehmung:

          - Man sieht von innen her leuchtende farbige Standbilder, die sich nur selten bewegen. (Die Vorstufe dazu beim Übergang von der Psyche zur Seele beinhaltet Bilder, die leuchten, farbig sind, sich ständig verwandeln und verfließen und zudem extrem scharfe Konturen haben.)

          - Man nimmt die Essenz der Dinge wahr, also z.B. die eigene Seele.

      e) Handlung: Man handelt aus seiner Seele heraus, man handelt im Einklang mit seiner Seele. Dadurch ist man einsgerichtet – durch die Begegnung mit der eigenen Seele wird es einfacher, innere Widersprüche, Traumas u.ä. aufzulösen, sodaß man sich nicht mehr selber im Weg steht. Durch diese Eindeutigkeit und Einsgerichtetheit wird die eigene Magie deutlich effektiver – man will nicht mehr gleichzeitig nach links und nach rechts. Zudem gibt die bewußte Verankerung der eigenen Psyche in der Seele und der Rückhalt der Psyche in der eigenen Seele der Magie einen großen zusätzlichen Schub – „Man geht gelassen und unbeirrt seinen Weg." Dabei fügen sich die „Zufälle" so, daß man seinen Weg gehen kann. Alle magischen Handlungen sind organische Bestandteile des eigenen Wesens und stehen im Einklang miteinander.

4. Stufe: Da'ath

a) Bereich: das Kontinuum

b) Wesensteil: die Schutzgottheit

c) Bewußtsein: kollektives Unterbewußtsein

d) Wahrnehmung:

- Man sieht leuchtende, farbige Gestalten im Licht – man kann sie generell „Gottheiten" oder, wenn man dies vorzieht, „Urbilder" nennen.

- Das, was man wahrnimmt, ist das kollektive Unterbewußtsein, also das Kontinuums-Bewußtsein.

e) Handlung: Man handelt im Einklang mit der Richtigkeit, etwas handelt durch einen selber hindurch, man handelt im vollkommenen Vertrauen auf etwas Größeres – in der Regel ist dies die eigene Schutzgottheit. Durch dieses „in etwas Größeres eingebettet sein" wird auch die eigene „gewöhnliche Magie" (Yesod) zu „außergewöhnlicher Magie" (Da'ath), durch die die Naturgesetze in weitaus größerem Maße vorübergehend außer Kraft gesetzt werden können: Feuerläufe, Materialisierungen, Levitation, Substanz-Verwandlungen usw.

5. Stufe: Kether

a) Bereich: die Einheit

b) Wesensteil: Gott

c) Bewußtsein: umfassendes Bewußtsein

d) Wahrnehmung:

- Man sieht entweder ein ungegliedertes und ungeteiltes gleißend-weißes Licht oder eine glänzende Schwärze – beides hat jedoch dieselben Eigenschaften. (Die Vorstufe dazu ist etwas, das man „Lichtsturm" nennen könnte.)

- Man sieht die der Vielheit zugrundeliegende Einheit.

e) Handlung: Man handelt als das Ganze – wie immer sich das auch konkret anfühlen mag …

III   Die Notwendigkeit des Da'ath-Bewußtseins

Das Prinzip des Kontinuums gibt es nicht nur in der Magie, sondern auch in vielen anderen Bereichen – das Prinzip des Kontinnums (also Da'ath) ist geradezu das prägendste Thema in der heutigen Zeit. Dadurch erhalten die Betrachtungen zu der Da'ath-Magie und vor allem ein möglichst kollektives Erreichen eines Da'ath-Zustandes (inklusive Da'ath-Magie) eine große und aktuelle Wichtigkeit.

Ab ca. 1900 n.Chr. ist schrittweise ein neues Weltbild entstanden, in dem Raum und Zeit nicht mehr voneinander getrennt sind (Relativitätstheorie), in der alle Elementarteilchen zugleich auch eine Welle sind (Quantenphysik), in der die physikalischen Eigenschaften eines Teilchen nicht mehr genau definiert sind (Heisenberg'sche Unschärfe-Relation), in der es unterhalb einer bestimmte Teilchengröße nur noch Wahrscheinlichkeiten, aber keine Kausalität mehr gibt (Quantenschaum) usw.

In diesem Weltbild ist letzlich die Raumzeit das einzig Reale – alles anderes einschließlich der Teilchen und der Energie sind Formen („Krümmungen") dieser Raumzeit. Somit ist die Welt in dem heutigen physikalische Weltbild letzlich ein Kontinuum.

Seit ebenfalls ca. 1900 n.Chr. wird die Psyche des Menschen erforscht, wobei zum einen deutlich wurde, wie sehr die Schicksale der einzelnen Menschen mit denen der anderen Menschen verflochten sind, und zum anderen, daß alle Menschen ein gemeinsames Unterbewußtsein haben (kollektives Unterbewußtsein).

Auch die Grundlage der Psychen der Menschen ist ein Kontinuum: das kollektives Unterbewußtsein.

In der Politik ist das Entstehen eines kollektiven Denkens, also der Entwurf eines Kontinuum-Weltbildes durch die beiden Weltkriege entstanden – also in etwa zu derselben Zeit wie die moderne Physik und die Psychologie. In der Regel wird dieses Weltbild „globales Denken" genannt.

Dieses Weltbild begann mit der Gründung der UNO und der EWG (heute: EG) und hat recht schnell durch die Gefahr der Selbstzerstörung der Menschen durch die Atombomben, durch das Artensterben, durch die Umweltverschmutzung und durch die Überbevölkerung immer neue Facetten erhalten.

Dasselbe Prinzip findet sich auch in der Volkswirtschaft. Die frühere freie Marktwirtschaft hatte eine solche Ungleichheit erschaffen, daß versucht wurde, mithilfe der sozialen Marktwirtschaft und mithilfe der Planwirtschaft

(Kommunismus) eine menschenfreundliche Wirtschaftsform zu erschaffen.

Allerdings reichen die bisherigen Ansätze dafür noch nicht aus, da die allgemeine Geldfixierung und das alles prägende Konkurrenzprinzip nach wie vor ein sinnvolles Handeln und ein effektives Miteinander verhindern. Es wird ein Wirtschaftssystem gebraucht, daß auf der Kooperation und nicht auf der Konkurrenz beruht.

(Eine ausführlichere Darstellung findet sich in meinem Buch „Von innerer Fülle zu äußerem Wohlstand".)

Auch in Beziehungen finden sich Ansätze zu einem Kontinuums-Modell. Die lebenslange Einehe ist zwar noch immer das vorherrschende Modell, aber spätestens seit der Hippie-Zeit um 1968 gibt es viele beweglichere Beziehungs-Modelle, die erprobt werden. Aus der Notwendigkeit, alltagstaugliche Formen zu finden, hat sich u.a. das Modell der Patchwork-Familie entwickelt.

Die drei Grundprinzipien dieser neuen Beziehungsformen sind 1. der aufrichtige Selbstausdruck, 2. die freie, bewegliche Gestaltung der Beziehungen und 3. die Kooperation, die auch mehrere Beziehungen gleichzeitig ermöglicht.

(Eine ausführlichere Darstellung findet sich in meinem Buch „Liebe und Eigenständigkeit".)

Durch den Vergleich der Grundstrukturen in der Physik und in der Magie zeigt sich, daß beide Weltbilder Teile eines größeren Ganzen sind:

1. Der Charakter der Winkel in der Physik entspricht exakt dem Charakter der Winkel („Aspekte") in der Astrologie.

2. Der Aufbau eines Superstrings (das ist die Struktur eines Elementarteilchens oder Energiequants) entspricht exakt dem Aufbau des Tierkreises.

3. Das mathematische Modell, mit dem die Superstringtheorie, d.h. die gesamte moderne Physik beschrieben wird, entspricht exakt dem kabbalistischen Lebensbaum.

Deutlicher kann es sich kaum noch zeigen, daß die Physik und die Magie zwei Seiten derselben Welt beschreiben. Allerdings steckt die Beschreibung eines umfassenden physikalisch-magischen Weltbildes noch in den Kinderschuhen. Es ist allerdings abzusehen, daß auch dieses Weltbild ein Kontinuum sein wird – schließlich ist die Welt sowohl aus der Sicht der Physik als auch aus der Sicht der Magie ein Kontinuum.

(Eine ausführlichere Darstellung findet sich in meinem Buch „Physik und

Magie".)

In der Magie entstehen zur Zeit die ersten Modelle einer Da'ath-Magie. Diese Da'ath-Magie kann man als einen Teil des allgemeinen Da'ath-Bewußtseins ansehen, also als ein Element der seit ca. 1900 beginnenden neuen „Epoche der Globalisierung".

Ein Aspekt dieser Da'ath-Magie, der bisher noch nicht ausdrücklich erwähnt worden ist, besteht darin, daß sie eine dauerhafte Magie ist und keine punktuelle Magie wie bisher. In einem Kontinuum ist die Magie ständig wirksam und sie ist auch ständig bewußt – sie ist ein ganz normales Alltags-Element.

Wenn man sich die Entwicklung der Zivilisation und der Weltanschauung betrachtet, ist das Entwickeln eines Kontinuum-Weltbildes ein logischer und notwendiger Schritt.

In der Altsteinzeit lebte man als Teil der Natur in der Natur. Dies entspricht der Symbiose des Babys mit seiner Mutter. Dies ist das schlichte „Ja" der oralen Phase.

In der Jungsteinzeit lebte man auf den Inseln der Kultur (Dorf, Ackerbau, Viehzucht) in der Natur. Dies entspricht dem Lernen des Abgrenzens durch das Kleinkind, wenn es Laufen und Sprechen lernt. Dies ist das entschiedene „Nein!" der analen Phase.

In der Epoche des Königtums wurde alles zentral gesteuert. Dies entspricht dem Kind, das sich selber als handelnde Person erlebt. Dies ist das vehemente „Ich!!!", das sich aus der Synthese des „Ja" mit dem „Nein!" in der phallischen Phase ergibt.

Im Materialismus wird alles erforscht und genutzt. Dies entspricht dem Jugendlichen der sich selber, die Welt und die Sexualität erforscht. Dies ist das suchende „Du?" der genitale Phase.

In der Epoche der Globalisierung werden tragfähige Strukturen entwickelt. Dies entspricht dem Gründen einer Familie. Dies ist das zuverlässige „Wir.", das sich aus der Synthese des „Ich!!!" mit dem „Du?" in der adulten Phase ergibt.

In der Zukunft folgt noch eine weitere Phase, die dem älteren Menschen entspricht, der neue Dinge entdeckt und zum Lehrer wird. Dies ist das bereichernde „Anderes ..." der tutoralen Phase.

Schließlich folgt noch eine Phase, die dem alten Menschen entspricht. Dies ist das weise „Alles", das sich aus der Synthese des „Wir." mit dem „Anderes ..." in der geronten Phase ergibt.

(Eine ausführlichere Darstellung findet sich in meinem Buch „Die sieben Schritte des Lebens".)

Es ist zu hoffen, daß die Menschheit möglichst bald kollektiv erwachsen wird und sich wie eine Familie verhält, damit sich die Menschheit nicht selber auslöscht oder die Erde unbewohnbar macht. Dazu müßten die meisten Menschen in sich selber verankert sein und die Haltung der „Erd-Familie" zu ihrer Grundhaltung machen – also zumindestens in Grundzügen ein Da'ath-Bewußtsein erreichen.

IV   Praktische Anleitungen zur Da'ath-Magie

Dies ist der wichtigste Teil dieses Buches – das bloße Kennen einer Theorie, die nicht auch erfolgreich in die Praxis umgesetzt worden ist, verändert das eigene Leben nicht allzusehr.

Leider gibt es kein Patentrezept für das Erreichen des Da'ath-Zustandes und der Da'ath-Magie. Jeder muß sich seinen eigenen Weg und seinen eigenen Stil suchen. Man kann jedoch die Landschaft beschreiben, durch die alle diese Wege führen – auch wenn natürlich jeder diese Landschaft durch die Brille seines eigenen Horoskopes wieder ein bißchen anders sieht … In dieser Landschaft gibt es allerlei Haltungen und Handlungen, die für das Erreichen des Da'ath-Zustandes förderlich sind. Und es gibt grundlegende Erlebnisse, denen vermutlich jeder begegnen wird …

Die folgenden Kapitel sind so geordnet, daß sie aufeinander aufbauen – aber das bezieht sich nur auf ihre Darstellung und nicht auf eine logische und notwendige Erlebnis-Reihenfolge, da jeder auf seine ganz eigene Weise durch diese Landschaft nach Da'ath geht.

IV 1.   Der Entschluß

Eine Reise beginnt in den allermeisten Fällen mit einem Entschluß – allerdings kann man auch ungeplant durch eine Meditation, ein Ritual, eine Begegnung oder sonst ein Erlebnis plötzlich in den Da'ath-Zustand gelangen. Der Regelfall ist jedoch der absichtliche Aufbruch auf die Reise – auch wenn man möglicherweise nicht ganz klar sieht, wo die beschlossene Reise hinführt und was man auf ihr erleben wird.

IV 1. a)   Die Einladung des Da'ath-Zustandes

Wenn man es sehr verlockend findet, die außergewöhnliche Magie kennenzulernen, die fest mit der eigenen Seele und mit den Göttern verbunden ist, dann ist es hilfreich, einen Beschluß zu fassen und diesen in einem Ritual darzustellen und zu verankern.

Dieses Ritual kann ganz schlicht sein: Man stellt sich hin, richtet seine Worte an seine eigene Seele, an die Götter, an das Leben und spricht aus, was man erreichen will. Wie immer bei solchen Willens-Proklamationen ist es hilfreich, einen Zeugen dabei zu haben – das gibt dem Vorgang deutlich mehr Erdung.

Man kann dieses Ritual auf verschiedene Weise ausbauen – durch einen passenden

Ort, einen passenden Zeitpunkt, durch besondere (rituelle) Kleidung usw., aber man kann diesen Entschluß auch spontan auf einem einsamen Waldspaziergang fassen.

Wichtig an diesem Entschluß ist seine Erdung – seine Wirkung ist so groß wie seine Wurzeln tief sind.

Zunächst ist auch nur der Entschluß wichtig, man braucht zu diesem Zeitpunkt noch nicht den eigenen Weg zu kennen – der Weg wird erst im Laufe der Wanderung sichtbar …

Solch ein Entschluß hat meistens eine mehr oder weniger bewußte Vorgeschichte:

Es hat zunächst etwas gegeben, was einem Schmerzen bereitet hat, oder es hat etwas gegeben, was einem sehr verlockend schien.

Dann hat man die Schmerzen oder die Verlockung angesehen und ihre Existenz akzeptiert und sie nicht mehr beiseite geschoben. Dadurch ist es bewußt der eigene Schmerz oder die eigene Sehnsucht geworden.

Als drittes hat man dann die Hoffnung gefunden, daß das Ziel erreichbar sein könnte – den Schmerz zu beenden oder das Verlockende zu erreichen. Niemand geht einen Weg, den er für unmöglich hält …

Darauf folgt dann als viertes der Entschluß loszugehen, den man auch rituell vor einem oder mehreren Zeugen ausdrücken und erden kann.

Dann folgt als fünftes der eigentliche Weg, der zwei Aspekte hat: innerlich eine Meditation oder ähnliches, die den Entschluß klar und wach und lebendig hält, und äußerlich das Gehen des nächsten sinnvollen Schritts. Wenn man diesen Schritt gegangen ist, schaut man, wo man sich befindet und geht wieder einen nächsten sinnvollen Schritt …

Auf diese Weise beginnt die innere Entwicklung und die äußere Wanderung, die schließlich zum Ziel führt.

IV 2.   Das Kennenlernen

Wenn man etwas erreichen will, ist es sinnvoll, dieses Ziel näher kennenzulernen und mit diesem Zustand vertraut zu werden. Dafür gibt es (wie meistens) mehrere Möglichkeiten.

IV 2. a)   Wunder miterleben

Um zu erfahren, wie sich außergewöhnliche Magie und somit der Da'ath-Zustand anfühlt, ist es das einfachste, einmal bei einem Wunder zuzuschauen.

Das einzige derartige Ereignis, daß man relativ einfach gezielt aufsuchen kann, ist ein Feuerlauf. Andere derartige „haarsträubende" Ereignisse wie Materialisationen oder Operationen mit bloßen Händen, bei denen der Operierte keinen Schmerz spürt und die OP-Wunde anschließend sofort wieder verheilt, kann man nicht so einfach wie einen Feuerlauf als Seminar buchen.

Daher ist die Teilnahme an einem Feuerlauf ein guter Anfang. Ein großer Vorteil des Feuerlaufs ist es auch, daß man dabei mittendrinnen in dieser heißen Sache steht und sie hautnah erlebt …

Evtl. kann man auch jemanden findet, der in der Kampfmagie so weit fortgeschritten ist, daß er z.B. auch Fernstöße ausführen kann. Die Teilnahme an einem Feuerlauf ist jedoch am einfachsten durchzuführen, da dafür ein kurzer Blick ins Internet genügt.

Es gibt jedoch noch eine zweite Möglichkeit, Wunder mitzuerleben, die ebenfalls recht einfach zu umzusetzen ist.

Man stellt sich vor, wie Christus nach der Speisung der 5000 auf einen Berg geht um dort zu meditieren und zu beten. Dabei geht man neben Christus her und spürt in ihn hinein, um zu erleben, in welcher inneren Verfassung er ist. Anschließend geht Christus dann zum See Genezareth und läuft über das Wasser zu dem Boot seiner Jünger. Man geht in seiner Vorstellung neben Christus her und spürt wieder in ihn hinein. Wenn man möchte, kann man Christus fragen, ob es ihm recht ist, wenn man mit seinem Bewußtsein in ihn hinein wechselt, um das, was er da gerade macht, direkter erleben zu können. Auf diese Weise kann man einen ersten Geschmack davon erhalten, wie es ist, wenn jemand ein Wunder vollbringt.

Dasselbe kann man auch mit allen anderen Fällen machen, in denen jemand außergewöhnliche Magie vollbracht hat. Die folgende Lise enthält nur einige Beispiele für solche überlieferten Wunder:

- Naropa geht über Wasser
- Christus erweckt Lazarus zum Leben
- Elias ruft Feuer vom Himmel herab
- Elisa trennt die Fluten des Jordan
- Moses ruft eine Quelle hervor
- Sai Baba materialisiert verschiedene Dinge
- Apollonius von Tyana hat eine Tote zum Leben erweckt

- Medea hat einen Widder zerstückelt und wiederbelebt
- ein ägyptischer Zauberer verwandelt ein Wachs-Krokodil in ein echtes Krokodil
- ein ägyptischer Zauberer hat einen Enthaupteten wiederbelebt
- Milarepa konnte schweben
- Rumi konnte durch die Luft gehen

Diese Liste ließe sich noch lange fortsetzen. Man kann sich natürlich fragen, ob all diese Geschichten wahr sind, ob sie nur allegorisch zu verstehen sind, ob sie lediglich Mythen sind usw. Der wesentliche Punkt ist im Zusammenhang mit dem Erlernen der Da'ath-Magie jedoch nicht primär die Frage nach der historischen Echtheit der Berichte, sondern vor allem, ob man aus dem „inneren Miterleben" dieser Ereignisse etwas über Wunder lernen kann – und das kann man nur herausfinden, in dem sie in einer Traumreise miterlebt.

Die akademische Diskussion über die Echtheit dieser Ereignisse hilft nicht allzuviel weiter – das Miterleben könnte hingegen zu der einen oder anderen Erkenntnis führen. Wenn man z.B. feststellen sollte, daß alle diese Männer und Frauen, die Wunder vollbracht haben, innerlich in demselben Bewußtseinszustand gewesen sind, dann wäre es lohnenswert, diesen Zustand auch selber anzustreben.

Dieser Bewußtseinszustand ist vollkommen einsgerichtet, voller Vertrauen und Entschiedenheit – und zudem vollkommen gelassen, entspannt und eigenständig.

Man kann sich natürlich auch fragen, ob es einen Sinn haben könnte, Zauberern bei der Arbeit zuzuschauen, die lediglich Gestalten in Romanen sind wie Gandalf, Saruman, Dumbledore usw. Nun – ausprobieren …

IV 2. b) Traumreisen

Die Sephirah („Sphäre") Da'ath auf dem kabbalistischen Lebensbaum stellt den Bereich dar, aus dem die außergewöhnliche Magie stammt. Es ist somit naheliegend, einmal eine Traumreise nach Da'ath zu unternehmen und sich anzuschauen, was man dort erlebt, wie die Welt von diesem Standpunkt aus betrachtet aussieht.

Man kann natürlich auch Traumreisen zu anderen Symbolen dieses Bereiches bzw. Zustandes unternehmen wie z.B. zum Himmelstor, zum Jenseitsfluß und zur Jenseitsbrücke.

Diese Methode klingt sehr schlicht, aber sie kann ausgesprochen effektiv sein. Möglicherweise wird sie noch wirksamer, wenn man zu zweit oder zu dritt eine Traumreise nach Da'ath unternimmt.

IV 2. c) Die Invokation

Die Invokation ist eine Methode, mit deren Hilfe man einen intensiven Kontakt zu einer Gottheit erhalten kann. Da die Lebewesen oder, wenn man es technischer ausdrücken will, die „Bewußtseinseinheiten" in einem Kontinuum (Da'ath) Gottheiten sind, ist der Kontakt zu einer Gottheit auch eine Möglichkeit, den Da'ath-Zustand kennenzulernen.

Für eine solche Invokation sollte man sich eine Gottheit aussuchen, zu der man sich bereits hingezogen fühlt – das macht die Kontaktaufnahme einfacher.

Zunächst einmal kann man sich Bilder dieser Gottheit anschauen und ihre Mythen studieren. Entweder danach oder auch schon davor kann man dann Traumreisen zu dieser Gottheit unternehmen – dadurch wird die Gottheit im eigenen Bewußtsein deutlich lebendiger.

Die schlichteste Invokation kann man von einer Traumreise aus durchführen, indem man die Gottheit fragt, ob man in ihr Bewußtsein hinüberwechseln darf. Dadurch kann man dann die Welt aus der Sicht dieser Gottheit sehen und sich selber als diese Gottheit erleben.

Bei der klassischen Invokation beginnt man damit, die Gottheit zu beschreiben und sie sich dabei als vor sich stehend zu imaginieren. Dabei stellt man sich das, was man beschreibt, auch vor: „Sie ist …" Dann geht man dazu über, die Gottheit direkt anzusprechen und z.B. ihre Taten zu erzählen: „Du bist …" Schließlich wechselt man in das imaginierte Bild der Gottheit hinüber und redet als diese Gottheit und spricht dabei das aus, was man selber erreichen will: „Ich bin …"

In den etwas archaischeren Formen der Invokation kleidet sich der Invozierende wie die Gottheit und setzt sich eine entsprechende Maske auf: Die Maske des Großraubtiers im Jagdzauber, die Maske des Schakalgottes Anubis im Mumifizierungs-Ritual, die Ahnen-Masken bei den Tänzen der nordamerikanischen Indianer, die Maske des Affengottes Hanuman bei der Onam-Feier usw.

Wenn in einem Gruppen-Ritual eine einzelne Person maskiert und verkleidet eine Gottheit darstellt, dann ist der „Druck" auf den Betreffenden, mit seinem Bewußtsein wirklich in diese Gottheit zu wechseln, recht groß.

Manche Invokationen kann man auch auf spezielle Weisen durchführen: Den ägyptischen Schamanen-Gott Bes kann man anrufen, indem man tanzt und dabei wie er die Rahmentrommel schlägt; den griechischen Pan kann man anrufen, in dem man tanzt und wie er auf einer Panflöte spielt; den keltischen Göttervater Dagda oder den germanischen Dichtergott Bragi kann man anrufen, indem man wie sie auf der Harfe spielt; Shiva kann man durch einen freien ekstatischen Tanz oder durch einen festgelegten rituellen Tanz anrufen; Osiris kann man anrufen, indem man sich wie er in einen Sarg legt; usw.

Wenn es für eine Gottheit eine solche spezielle und markante Invokationsweise gibt, wird sie in der Regel auch die effektivste Methode sein.

Wie allgemein üblich haben die Menschen auch hier nach „Abkürzungen" und „technischen Lösungen" gesucht und mit Drogen experimentiert. In einem traditionellen Rahmen und unter Anleitung von erfahrenen Schamanen oder Priestern scheint dieses Verfahren durchaus effektiv zu sein, aber für Menschen, die außerhalb einer solchen Tradition stehen und lediglich die entsprechende Droge im Alleingang nutzen wollen, ist dieses Verfahren zumindestens sehr heikel, wenn nicht gar gefährlich.

Es stellt sich auf jeden Fall die Frage, warum man etwas mithilfe mit Drogen erreichen will, was man genauso gut auch ohne sie erreichen kann – und ohne die unliebsamen Nebenwirkungen, die die meisten Drogen haben …

IV 2. d)   Die Schutzgottheit

Die eigene Schutzgottheit kann einem auf Traumreisen, auf Visionssuchen, durch einen anderen Menschen, der seine Schutzgottheit schon kennt, usw. begegnen. Diese Gottheit wird auch mit anderen Namen bezeichnet. Die dem zugrundeliegende Vorstellung ist, daß die eigene Seele ein „Tropfen" von dem „Meer" einer Gottheit ist. Diese Gottheit ist sozusagen der Teil des Kontinuums (Da'ath), aus dem heraus sich die eigene Seele zu einem abgegrenzten Wesen abgekapselt hat.

Diese Gottheit zu kennen, ist insofern wichtig, als daß sie der natürliche und organischste Weg in das Kontinuum von Da'ath ist.

Möglicherweise fühlte man sich zu dieser Gottheit schon immer hingezogen, vielleicht ist sie auch eng mit dem eigenen Krafttier verwandt (Ibis – Thot; Krokodil – Sobek; Büffel – Pte-san-win; Affe – Hanuman usw.), evtl. zeigt sie sich einem auch spontan in einer besonderen Situation. Vermutlich ist es am einfachsten, eine Traumreise zu ihr zu unternehmen, wenn man sie kennenlernen will.

Wahrscheinlich ist es sinnvoll, sich Zeit zu lassen, bis man zu dem Schluß kommt, daß eine bestimmte Gottheit die eigene Schutzgottheit ist. Wenn sie es ist, wird sich das nach und nach dadurch zeigen, daß man immer mehr Übereinstimmungen zwischen dem eigenen Charakter und dem Wesen der Gottheit entdeckt.

Man muß nicht unbedingt schlüssig darlegen können, warum eine bestimmte Gottheit die eigene Schutzgottheit sein muß; der wichtige Punkt ist die Orientierung und Hilfe und Inspiration, die eine Gottheit einem gibt – ganz egal, in welchem Verhältnis man zu ihr steht.

Für alle praktischen Belange kann man sagen, daß es für den Weg nach Da'ath sehr hilfreich ist, wenn man eine Gottheit findet, der man sich verwandt fühlt und der man vertraut.

Wenn es die Schutzgottheit ist, werden einem Invokationen dieser Gottheit leicht fallen, sie werden sich ganz natürlich anfühlen und man wird das Gefühl haben, daß man nach Hause kommt.

IV 3.   Die Öffnung

Wenn man von dem abgegrenzten Bereich der „gewöhnlichen Magie" in den abgrenzungslosen Bereich der „außergewöhnlichen Magie" gelangen will, ist es offensichtlich notwendig, die eigenen Abgrenzungen zu öffnen …

Dies ist ein zentrales Element für das Erreichen der Da'ath-Magie. Durch die im vorigen Kapitel beschriebenen Methoden kann man zumindestens schon einmal den Geschmack dieses Zustandes erleben – und wird dadurch sehr wahrscheinlich Appetit auf mehr bekommen haben.

IV 3. a)   Steigerung der Elemente-Magie

In der abendländischen Magie sind die vier Elemente plus die Quintessenz (Licht) die übliche Einteilung in der Magie – sie tauchen im Pentagramm-Ritual auf, in Talisman-Weihungen, in den Tarotkarten usw. Sie prägen selbst noch einen großen Teil der heutigen Fantasy-Romane, in denen sie z.B. als die vier „Häuser" in den „Harry Potter"-Büchern erscheinen.

Eine Möglichkeit der Öffnung oder Weitung der „gewöhnlichen Magie" besteht daher darin, sich die außergewöhnlichen Formen der Elemente-Magie mithilfe von Traumreisen anzuschauen. Dazu reist man wieder innerlich mithilfe einer Traumreise zu dem betreffenden Ereignis und schaut es sich aus nächster Nähe an und spürt wieder in denjenigen hinein, der diesen Zauber ausführt.

Auch hier weiß man nicht, ob es sich um Berichte über reale Ereignisse oder um Mythen handelt. Daher zeigt auch hier erst die Traumreise selber, ob man durch das „Mit-Erleben" dieser (realen oder mythischen) Ereignisse etwas dazulernen kann.

1. Erde:
- Eine germanische Zauberin löst in der Gisli-Saga einen Erdrutsch aus.
- Zwei verschiedene germanischer Zauberer lösen in der Styrbjörnar-Saga bzw. im Landnahme-Buch einen Erdrutsch aus.
- In der Saga über Thorstein Viking-Sohn taucht ein Zauberer in die

Erde hinein wie in Wasser. Dasselbe wird auch in den Rabennest-Sagas über einen Zauberer berichtet.

- Jesus vermehrt Brot und Fisch.
- Jesus heilt Kranke.
- Die Alchemisten haben Blei in Gold verwandelt.

2. Wasser:

- Jesus ist über Wasser gegangen.
- Naropa ist über Wasser gegangen.
- Moses hat die Fluten des Roten Meeres getrennt.
- Moses hat in der Würste ine Quelle entstehen lassen.
- Baldur hat in Dänemark iene Quelle entstehen lassen.
- Elias hat die Fluten des Jordan getrennt.
- Elisa hat die Fluten des Jordan getrennt.
- Jesus hat Wasser in Wein verwandelt.

3. Luft:

- Der Druide-Barde Taliesin hat einen Sturmzauber bewirkt.
- Die germanische Überlieferung ist voll von Windzaubern (Gesta danorum, Sverri-Saga, Ragnarsdrapa, Skaldskaparmal, Sörli-Saga und viele andere). Dies liegt daran, daß die Wikinger als Seefahrer auf guten Wind angewiesen waren.
- Der tibetische Yogi Milarepa fliegt durch die Luft.
- Der Sufi Rumi schwebt durch die Luft.
- Viele christliche Heilige sind beim Gebet geschwebt („Levitation").

4. Feuer:

- Elias ruft vom Himmel Feuer herab.
- Generell sind Feuerläufe Formen des Feuerzaubers.

5. Licht:

- Jesus hat Lazarus wiederbelebt.
- Medea hat einen geschlachteten Widder wiederbelebt.

Diese Beispiele sind wieder nur eine kleine Auswahl der Wunder, die sich in den verschiedenen Überlieferungen finden lassen.

IV 3. b) Der Übergang von Chesed nach Da'ath

Das Erreichen von Da'ath ist ein sehr markantes Erlebnis. Auf dem kabbalistischen Lebensbaum gelangt man meistens von dem Bereich „Chesed" aus zu dem Bereich von Da'ath. In Chesed sind zwar alle Dinge noch voneinander getrennt, aber alle Dinge sind sichtbar – die Grenzen werden sozusagen Informations-durchlässig. Oder andere gesagt: Alles wird durchsichtig. Chesed ist auch der Bereich, in der man die Erinnerung der eigenen Seele an ihre früheren Inkarnationen finden kann. Dieser Bereich wird manchmal auch „Akasha-Chronik" genannt.

Wenn man von Chesed aus noch einen Schritt weitergeht, lösen sich die Abgrenzungen ganz auf. Die Grenzen sind dann nicht nur durchsichtig, sondern verschwinden ganz. Dies wird oft als ein Sprung in einen bodenlosen Abgrund erlebt – deshalb heißt der Übergang nach Da'ath auch „Abgrund". Wenn sich alle Abgrenzungen auflösen, schwebt man sozusagen im Nichts … der Waldweg unter den eigenen Füßen verwandelt sich auf einmal in die Dunkelheit zwischen den Sternen …

Wenn man nach Da'ath gelangen will, muß man daher alles loslassen: den Boden, auf dem man seht, jeglichen äußeren Halt, die Grenze des eigenen Wesens … In Da'ath kann man seine Individualität nicht mehr durch eine Grenze zwischen „Ich" und „Nicht-Ich" definieren, sondern nur noch durch die eigene Qualität. Entsprechend haben auch Gottheiten keine Grenze, sondern nur eine klare Qualität – daher können auch 500 Menschen gleichzeitig Pan anrufen, Shiva invozieren oder Christus um Hilfe bitten … das ist für das abgrenzungslose Bewußtsein einer Gottheit kein Problem.

In der Physik ist Da'ath der Bereich der Energiequanten – Chesed ist der Bereich der Elementarteilchen. Unterhalb des Abgrundes gibt es Materie, oberhalb des Abgrundes nur Energie. Wenn man den Abgrund nach Da'ath hin überquert, entspricht das also der Verwandlung von Materie in Energie. Die gewaltige Intensität, die dieser Verwandlungs-Vorgang hat, kann man sich anhand des Glühens der Sonne oder anhand einer Atombombe veranschaulichen. Entsprechend intensiv ist auch die Magie, wenn man nach Da'ath gelangt … eben außergewöhnliche Magie, Da'ath-Magie, Wunder …

IV 3. c) Ein Da'ath-Ritual

Wenn man unvorbereitet an den „Abgrund" gelangt, an dem sich alle Abgrenzungen auflösen, kann man einen mehr oder weniger großen Schock erleiden … es ist, als würde man schlagartig jeglichen Halt verlieren und zudem noch alle Dinge, die es gibt, sehen – das kann normalerweise keine Psyche gelassen hinnehmen. Zum Glück ist es nicht so einfach, an diesen inneren Ort zu gelangen, aber wenn man die passenden Meditationen durchführt, kann man durchaus den Abgrund erreichen.

Die Voraussetzung dafür ist ein einsgerichtetes Bewußtsein, das über längere Zeit hinweg anhält. Vermutlich läßt sich das am einfachsten anhand eines Beispiels beschreiben – und das naheliegende Beispiel ist für mich natürlich ein eigenes Erlebnis …

Als ich vor ca. 42 Jahren von Axel zum Zauberlehrling angenommen worden bin, war ich noch im Zivildienst und bin jeden Morgen und jeden Abend eine gute Stunde mit dem Fahrrad zum Altenheim geradelt, in dem ich Pflegedienst gemacht habe. Da der Winter damals ziemlich kalt gewesen ist, habe ich auf meinem Rad arg gefroren – insbesondere meine Hände sind trotz Handschuhen eisig jedesmal geworden. Da habe ich die Idee gehabt, etwas mithilfe von Magie gegen die Kälte zu unternehmen.

Ich habe mir also vorgestellt, daß ich mit jedem Atemzug Feuer in meine Hände atme. Ich habe beim Einatmen imaginativ das Feuer aus dem Erdinneren oder aus den Motoren der vorbeifahrenden Autos geholt und beim ausatmen dieses Feuer dann in meinen Händen aufglühen lassen. Mein Atmen habe ich dann noch mit meinem Treten der Pedale koordiniert. Sowohl beim Einatmen als auch beim Ausatmen habe ich innerlich das Wort „Feuer" gesprochen.

Mit dieser Meditation habe ich meine Hände immerhin so warm halten können, daß es nicht mehr unangenehm war.

Ich hatte also einen Rhythmus der Bewegung, einen dazu passenden Rhythmus des Atmens, ein ebenfalls damit verbundenes passendes Mantra, dann die damit gekoppelte ständige Imagination des Feuers und schließlich als wichtige Zutat noch eine sehr hohe Konzentration – da ich den Schmerz der eisigen Kälte in meinen Händen vermeiden wollte.

Nach einigen Tagen ist mir aufgefallen, daß ich in einen anderen Bewußtseinszustand gekommen war. Ich hatte damals noch kein Wort dafür und hatte auch noch nie gehört, daß es so etwas überhaupt gibt. Er war ein weiterer Bewußtseinszustand in der Folge „Tiefschlaf – Traum – Erwachen – Zustand X". Er war ein völliges Erfülltsein, ein Lächeln, eine innere Wärme, ein grundloses Glücklichsein … einfach genial! Heute würde diesen Zustand „Einsgerichtetheit" oder „Ekstase" nennen.

Dieser Zustand läßt sich auch im EEG wiederfinden: Der Tiefschlaf hat eine EEG-Frequenz von 3Hz, der Traumzustand hat 6Hz, das Wachen 12Hz und die Ekstase 24Hz. Ich hatte also auch die Reihenfolge dieser vier Grundzustände des Bewußtseins richtig erfaßt.

Nach ein paar Wochen habe ich nur noch eine Minute auf dem Fahrrad gebraucht, um in diesen Zustand zu gelangen – zu dieser Zeit war Fahrradfahren meine Lieblingsbeschäftigung …

Nach ein paar Monaten habe ich auf meinem Fahrrad kurz vor einer vielbefahrenen Kreuzung innerlich die Aufforderung „Spring!" gehört und innerlich einen bodenlosen Abgrund vor mir gesehen. Da bin ich in Panik geraten und auf meinem Rad so schnell ich konnte davongerast …

Ein paar Stunden später ist mir dann gedämmert, daß ich da offenbar einem neuen Bewußtseinszustand begegnet bin, von dem ich bisher auch noch nie etwas gehört hatte.

Viel später ist mir dann aufgefallen, daß ich damals ziemlich genau die tibetische Tummo-Meditation getroffen hatte: Atem-Rhythmus, Feuer-Imagination, eine sehr hohe Konzentration – und das ganze ist ein Schutz gegen die Kälte …

Offensichtlich ist die Tummo-Meditation auch dafür gedacht, in diesen Zustand der Einsgerichtetheit zu gelangen und von dort aus weiter zu der Abgrenzungslosigkeit von Da'ath. In den tibetischen Yoga-Systemen wie z.B. in den „sechs Yogas des Naropa" ist die Erweckung des Kundalini-Feuers, also die Tummo-Meditation, daher auch die Grundlage aller anderen Meditationen.

Es stellt sich somit ganz praktisch die Frage, was man tun kann, um die Angst vor der Auflösung jeglicher Abgrenzungen aufzulösen, bevor man eines Tages an dem Rand dieses Abgrund steht, hinter dem der Bereich von Da'ath liegt. Nach jahrelangem vergeblichen Befragen von Heilern, Lamas, Mönchen, Roshis u.ä. habe ich schließlich selber eine Möglichkeit gefunden, die von ihrem Aufbau her (wie ich später gemerkt habe) eine tibetischen Mandala-Meditation ist. Es hat den Anschein, als ob die tibetischen Buddhisten diesen abgrenzungslosen Bereich (und auch die Magie dort) am besten kennen würden.

Diese Mandala-Meditation ist eine Art Verwandlung-Ritual. Es ist wie folgt aufgebaut:

Man kann mit dem Kleinen Pentagramm-Ritual beginnen, in dem die Luft dem Osten, das Feuer dem Süden, das Wasser dem Westen und die Erde dem Norden zugeordnet sind. In der Mitte ist das Licht. Diese „4+1" Elemente und das auf ihnen beruhende Pentagramm-Ritual sind eine der wichtigsten Grundlagen der abendländischen Magie und daher ein gutes Fundament für ein Mandala.

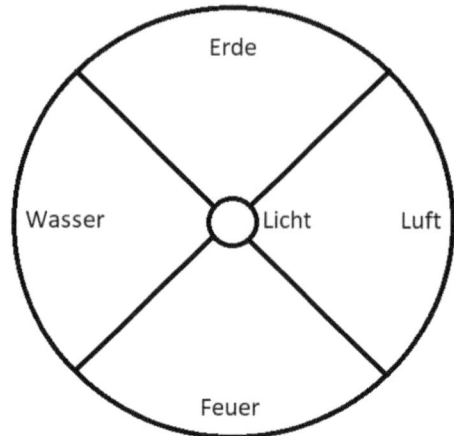

Nun folgt eine ausführlichere Betrachtung der vier Elemente, die man in die verschiedensten Lebensbereiche überträgt, um sie möglichst in allen Dingen wiederfinden zu können:

Luft – Osten – Morgen – Frühjahr – Denken – Wahrheit …
Feuer – Süden – Mittag – Sommer – Wollen – Kraft …
Wasser – Westen – Abend – Herbst – Fühlen – Liebe …
Erde – Norden – Nacht – Winter – Körper – Gedeihen …

Nun betrachtet man diese Elemente auch in sich selber:

Luft – Atem – Sauerstoff – Blähungen …
Feuer – Körperwärme – Oxydationsprozesse – Schwitzen …
Wasser – Blut – Speichel – Urin …
Erde – Knochen – Fingernägel – Haare …

Es ist aus sehr hilfreich, Traumreisen zu den vier Elemente zu unternehmen, da dadurch in einem selber lebendige Bilder von den vier Elemente entstehen.

Als nächstes betrachtet man die 12 möglichen Verwandlungen der vier Elemente, wie man sie in der Natur finden kann:

Wasser wird zu Luft: Nebel, Dampf, Wolken
Erde wird zu Feuer: Verbrennung
Erde wird zu Wasser: Schmelzen
Luft wird zu Wasser: Tau
Feuer wird zu Erde: Asche
Wasser wird zu Erde: Gefrieren
usw.

Danach betrachtet man die 12 möglichen Verwandlungen der vier Elemente, wie man sie in der eigenen Psyche finden kann:

> Wasser wird zu Feuer: Liebe gibt Kraft
> Luft wird zu Erde: Sachkenntnis macht erfolgreich
> Feuer wird zu Luft: Stärke gibt den Mut, die Wahrheit zu sehen
> Erde wird zu Feuer: Gedeihen stärkt den Leib
> Wasser wird zu Luft: Liebe macht aufrichtig
> Feuer wird zu Erde: Kraft schafft Tatsachen
> usw.

Als nächstes betrachtet man alle diese Verwandlungen in ihrer Gesamtheit als ein großes Fließen von entstehenden und vergehenden Formen. Dadurch gelangt man schließlich zu der Wahrnehmung, daß es da nur ein allem zugrundeliegendes Etwas gibt, daß in ständig neuen Gestalten erscheint – das ist das Licht in der Mitte des Mandalas, die Quintessenz, die Substanz des Kontinuums, Da'ath …

Diese einfache Meditation kann einem helfen, von der festen Aufteilung in die vier Elemente über die vielfachen Verwandlungen schließlich zu der Abgrenzungslosigkeit zwischen den vier Elementen und somit zu der Quintessenz zu gelangen.

Wenn man es hilfreich findet, kann man sich für diese Meditation auch in die Mitte des Elemente-Mandalas des Pentagramm-Rituals stellen oder setzen. Diese konkrete räumliche Zuordnung erleichtert die Konzentration, macht die Vorstellung der Verwandlungen als Wege von einer Richtung zu einer anderen anschaulicher und stellt einen selber von Anfang an in die Mitte, also an den Ort der Quintessenz, an den man letztlich ja auch gelangen will.

Die Wirksamkeit dieser Mandala-Meditation bzw. dieses Mandala-Rituals hängt davon ab, mit welcher Intensität man es durchführt – also zum einen davon, wie gründlich man die gesamte Welt und die Inhalte der eigenen Psyche in das Mandala der vier Elemente einordnet, und zum anderen davon, wie gründlich man sich die Verwandlungen der vier Elemente in die jeweils drei anderen Elemente vorstellt.

IV 3. d)   Der Weg zur Mitte

Man kann auch den Lebensbaum oder nur die Mittlere Säule als Grundlage für eine Meditation bzw. eine Ritual benutzen und ihn auf dem Boden markieren und dann schrittweise von Malkuth nach Da'ath gehen.

Man kann diese fünf Stufen bzw. Schritte auch als Mandala darstellen:

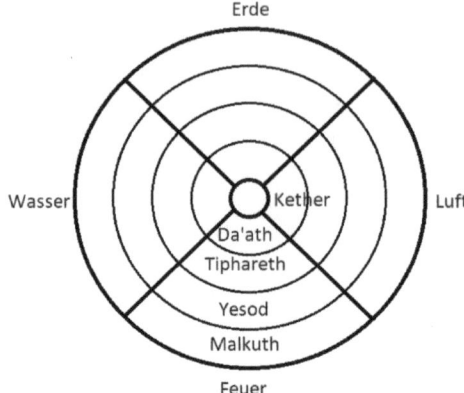

Ob man das vorige, einfache „Vier Elemente"-Mandala oder dieses etwas komplexere Mandala benutzt, hängt davon ab, mit wie vielen Details oder mit wie großer Schlichtheit man sich in einer Meditation oder in einem Ritual am wohlsten fühlt.

Dieses Mandala kann man zum einen in derselben Weise benutzen wie das vorige Mandala als „Verwandlungs-Struktur" und zum anderen auch als Weg nach innen zu Da'ath (und weiter zu Kether).

(Eine ausführliche Darstellung von Mandalas und ihrer Verwendung findet sich in meinem Buch „Mandalas für Anfänger".)

IV 4. Die Entwicklung

Man kann durchaus mit einem Sprung nach Da'ath gelangen (wie ich es bei der Feuer-Meditation erlebt habe), aber eine allmähliche Annäherung ist im Allgemeinen vorzuziehen, da man sich dadurch Schock-Erlebnisse erspart, die dazu führen können, daß man es schwer hat, wieder in diesen Zustand zurückzukehren.

IV 4. a) Kundalini

Eine der wirkungsvollsten Methoden, um zu dem Da'ath-Zustand und somit auch zu der Da'ath-Magie zu gelangen, ist die Erweckung der eigenen Kundalini. Nun ist das kein Thema, das man auf drei Seiten eingehend darstellen könnte. Daher findet sich hier nur eine kurze Beschreibung der Kundalini und eine Anleitung für Anfänger.

Die Kundalini ist ein Teil der im eigenen Körper fließenden Lebenskraft. Diese fließende Lebenskraft kann man als eine Entsprechung zu dem Blutkreislauf im physischen Körper ansehen. Die Lebenskraft steigt innen im Körper wie der Strahl eines Springbrunnens empor, entfaltet sich über dem Kopf wie die Fontaine eines Springbrunnens, fällt dann um den Körper herum wie die Tropfen eines Springbrunnens nieder und sammelt sich dann wieder im Wurzelchakra wie in dem See, in dem sich der Springbrunnen befindet.

Die Kundalini ist der aufsteigende Strahl der Lebenskraft. Die Fontaine wird manchmal als sieben Schlangenköpfe über dem Scheitel des Meditierenden dargestellt. Die Tropfen entsprechen dem Außenrand der Aura.

Um die Kundalini zu erwecken, kann man mit einer einfachen Meditation beginnen: Man stellt sich beim Einatmen vor, Lebenskraft einzuatmen und sie zum Wurzelchakra zu lenken – dabei spricht man innerlich „Feuer". Beim Ausatmen stellt man sich vor, daß die Lebenskraft im Wurzelchakra aufglüht – dabei spricht man wieder innerlich „Feuer".

Wenn durch diese Meditation keine neue Phänomene mehr auftreten, kann man sich zusätzlich einen roten, glühenden Kegel, der mit seiner Spitze nach oben zeigt, in seinem Wurzelchakra vorstellen.

Wenn man die Kundalini zum verstärkten Aufsteigen und zu größerer Intensität anregt, stößt sie gegen alle Blockaden, die man noch in sich trägt: Erinnerungen, Schmerzen, Verkrampfungen, Ängste, blockierte Wut, Traumas usw. Durch den Druck, den die aufsteigende Kundalini gegen diese Blockaden ausübt, werden diese Blockaden bewußt.

Es gibt an dieser Stelle die Möglichkeit, einfach den Druck immer weiter zu erhöhen und die auftretenden Gefühle einfach zu ertragen – das ist dann das, was man die „schwarze Nacht der Mystiker", die „Rabenkopf-Phase", die „Jenseitsreise" usw. nennt.

Sinnvoller scheint es mir jedoch zu sein, sich allem, was bei dieser Meditation auftritt, zuzuwenden. Dabei gibt es drei Schritte: „schauen, fühlen, umarmen". Dadurch, daß man sich das, was da im eigenen Inneren auftaucht, genau anschaut, lernt man es kennen. Dadurch, daß man es auch fühlt, verbindet man sich mit dem betreffenden Teil der eigenen Psyche und ermöglicht es den in ihm gefangen alten Gefühlen, wieder frei zu werden und sich bewegen zu können. Dadurch, daß man diese Teile der eigenen Psyche schließlich umarmt, integriert man sie wieder.

Durch diesen Prozeß löst man schrittweise alle Dinge auf, die man sonst in Da'ath, in dem es ja keine Abgrenzungen und somit auch nichts Verborgenes mehr gibt, unvorbereitet alle auf einmal sehen und erleben würde.

Durch die allmähliche Annäherung vermeidet man den Schock bei der ersten

Begegnung mit Da'ath.

Man kann Da'ath natürlich auch schon durch Traumreisen kennenlernen und auf diesen Traumreisen diesen abgrenzungslosen Da'ath-Zustand genießen, aber die Wahrscheinlichkeit, daß man eher früher als später in Da'ath auch alle Schatten, die noch in einem selber verborgen sind, kennenlernen wird, ist doch sehr hoch.

IV 5. Die Haltung

Das Kontinuum-Bewußtsein von Da'ath braucht eine bestimmte Haltung als Fundament bzw. hat eine bestimmte Haltung als Folge. Dadurch, daß man diese Haltung anstrebt, nähert man sich nach und nach dem Da'ath-Zustand an und somit auch der Da'ath-Magie.

IV 5. a) Einsgerichtetheit

Schon die gewöhnliche Magie funktioniert am besten, wenn man einsgerichtet ist – bei der außergewöhnlichen Magie ist mir kein Fall bekannt, der nicht eine vollkommene Einsgerichtetheit als Grundlage gehabt hat.

Diese Einsgerichtetheit kann verschieden aussehen, aber sie ist immer zu finden: das Vertrauen in Gott, das Vertrauen in die Richtigkeit, ein völlig entspannter Wunsch, ein eindeutiger Wille, ein alles prägender Überlebenswille, eine gelassene Selbstverständlichkeit bei dem Tun von etwas Unmöglichem usw.

Um diese Einsgerichtetheit zu erreichen, ist offensichtlich eine vollkommene Selbstbejahung notwendig oder zumindest eine völlige Eindeutigkeit bei dem, was man gerade tun will. Die Einsgerichtetheit entsteht folglich daraus, daß man sich mit den eigenen Motivationen vertraut macht und jegliche Widersprüche in ihnen auflöst.

Am gründlichsten scheinen die nordindischen buddhistischen Yogis vor 1000 Jahren, die „Mahasiddhis" genannt werden, das Erreichen der Einsgerichtetheit erforscht zu haben. Sie haben dafür verschiedene Methoden entwickelt.

Eine von ihnen wurde „Wasser im Ohr mit Wasser entfernen" genannt. Die Grundlage dieser Methode ist dieselbe wie im Yudo: Man benutzt die Kraft des Gegners, um das eigene Ziel zu erreichen.

Praktisch heißt dies z.B., daß jemand, der eine Freßsucht hat, das Essen zum Thema seiner Meditation macht. Er stellt sich zunächst in seiner Meditation möglichst lebhaft vor, seine Lieblingsspeisen zu essen. Nachdem er dies eine Weile getan hat, stellt er sich vor, alle Speisen zu essen, die er jemals gesehen hat. Dann kommt das Verspeisen aller Pflanzen an die Reihe, danach das Essen aller Tiere, dann die Menschen, dann alle Gegenstände und schließlich alle Götter.

Durch seine Freßgier fällt dem Betreffenden diese Meditation recht einfach und er erreicht zum einen eine hohe Konzentration und idealerweise eine Einsgerichtetheit und zum anderen aber auch das Erlebnis der Einheit aller Dinge – alles befindet sich in seinem Bauch …

In ähnlicher Weise kann die Machtgier eines Räubers als Motivations-Grundlage benutzt werden und auch das Verlangen eines Menschen, immer nur Musik zu spielen.

Dem Räuber hat der Mahasidda Tilopa empfohlen, sieben Tage lang einsgerichtet um einen buddhistischen Stupa herum zu gehen, wodurch er die vollkommene Einsgerichtetheit und auch die Fähigkeit Wunder (außergewöhnliche Magie) zu tun, erlangte – aber zugleich auch jegliches Interesse an weltlicher Macht verloren hat …

Dem Musik-Besessenen hat ein anderer Mahasiddha empfohlen, sich beim Spielen seiner Musik ganz auf die Stille hinter allen Tönen auszurichten. Dadurch hat dieser Musiker sowohl die Einheit aller Dinge erkannt als auch die Einsgerichtetheit erreicht.

Derartige „Tricks" finden sich in den Lebensgeschichten der Mahasiddhis in sehr großer Zahl. Der bekannteste dieser „Tricks" ist vermutlich die tibetische Tummo-Meditation (Tummo = Kundalini). Die Lamas müssen die Kundalini-Meditation so lange üben, bis sie in der Lage sind, im eisigen Winter im Verlauf einer Nacht dreimal ihre Kleidung in Wasser zu tauchen und sie anschließend an ihrem Körper durch ihre Meditation zu trocknen. Die eisigen Temperaturen sind eine Garantie dafür, daß die Motivation der Lamas bei dieser Prüfung extrem hoch ist – was dazu führt, daß sie einsgerichtet werden und somit den Ekstase-Zustand erreichen. Von dort aus ist es dann bis zur Da'ath-Magie nicht mehr weit …

IV 5. b) Das Horoskop

Wenn man sich mit sich selber vertraut machen will, ist es hilfreich, sich zu kennen. Wie das erreicht wird, ist letztlich natürlich egal. Das Horoskop ist jedoch ein gutes Hilfsmittel dabei – es zeigt die eigenen Motivationen, die eigenen Fähigkeiten, die eigenen Wünsche und den eigenen Stil.

Wenn man Schwierigkeiten damit hat, einsgerichtet zu werden, könnte es folglich hilfreich sein, sich mit dem eigenen Horoskop zu beschäftigen, um sich selber besser zu verstehen.

IV 5. c)   Die Hymne an sich selber

Wenn man ein größeres Selbstverständnis erreicht hat, sollte dies kein bloßes Konzept bleiben, sondern zu einer selbstbejahenden Grundhaltung werden. Ein mögliches Hilfsmittel, um das zu erreichen, ist die Hymne an sich selber.

Für diese Hymne sammelt man zunächst einmal Aussagen über sich selber, bei denen man sagen, daß sie auf jeden Fall richtig sind. Wenn einem das schwer fällt, beginnt man ganz einfach mit den schlichtesten Aussagen wie „Ich bin ein Mensch." und „Ich bin ein Mann (bzw. eine Frau)." Dann kann man seinen Namen hinzunehmen, die eigenen Vorlieben, die eigenen Fähigkeiten usw.

Der wichtige Punkt daran ist lediglich, daß sie wirklich stimmen. Sie müssen auch nichts sein, was man in eine Bewerbung schreiben würde, sondern auch solche Dinge wie „Ich bin ein Querkopf." oder „Ich bin ein Trödler." oder „Ich entscheide mich ständig neu."

Man kann auch wichtige Erlebnisse, die man gehabt hat, hinzunehmen – völlig egal, was das gewesen. Wenn es eine wichtige Erinnerung ist, gehört es mit in die Hymne.

Wenn man das eigene Krafttier, seine Kraftpflanze und seinen Kraftstein kennt, gehören diese natürlich auch in diese Hymne. Dasselbe gilt für die eigene Seele und für die eigene Schutzgottheit.

Alle diese Aussagen sollten mit „Ich bin …", „Ich tue …", „Ich habe …" u.ä. beginnen – schließlich ist es eine Hymne an sich selber.

Diese Sätze kann man dann thematisch sortieren, wodurch sie allmählich zu den Strophen einer Hymne werden. Versmaß, Reime und ähnliches sind nicht nötig – wenn sie sich stellenweise von selber ergeben, spricht natürlich nichts dagegen.

Diese Hymne ist natürlich nie wirklich fertig, sondern kann immer wieder einmal ergänzt oder umgeschrieben werden.

Wenn man eine erste Fassung gedichtet hat, sollte man sie einmal laut vorlesen und schauen, wie sich das anfühlt. Die guten Gefühle dabei sollte man einfach einfach genießen und die unangenehmen Gefühle sollte man sich näher anschauen – dort gibt es noch Potential zur Korrektur der Worte oder zur Selbstheilung.

Schließlich sollte man diese Hymne einem Freund oder einer Freundin vortragen. Solch eine „lyrische Selbstdarstellung" vor einem Zeugen hat noch einmal eine ganz andere Wirkung als wenn man die Hymne nur alleine vorträgt.

IV 5. d)   Hemmungslosigkeit

Nachdem man nun einen ersten Geschmack von der Einsgerichtetheit und ein tieferes Verständnis für sich selber erreicht hat und das in eine Hymne gefaßt hat, kann man nun damit beginnen, das, was man da in sich gefunden hat, strahlen zu lassen.

Die Quelle dieses Strahlens ist letztlich die eigene Seele – das Strahlen selber befindet sich vor allem im Sonnengeflecht und im Halschakra, da dies die beiden Chakren sind, die im heilen Zustand den ungehinderten Selbstausdruck enthalten. Um die Identität im Herzchakra, also die eigene Seele in diesen zwei Chakren strahlen lassen zu können, ist es notwendig, daß das Wunschbaum-Nebenchakra unten am Brustbein und das Thymus-Nebenchakra oben am Brustbein offen sind.

Wenn das der Fall ist, bejaht man das, was man ist und drückt es dann im Sonnengeflecht durch seine Handlungen und im Halschakra durch seine Haltung gegenüber anderen Menschen aus. Wenn diesen beiden Nebenchakren durch Ängste, Süchte, Schmerzen, falsche Vorstellungen, Traumas u.ä. teilweise verschlossen sind, ist es kaum möglich, zu einem Strahlen zu gelangen. Um das hemmungslose Strahlen zu erreichen, ist es also manchmal notwendig, zuvor noch die eine oder andere alte Prägung der eigenen Psyche aufzulösen.

Die Hemmungslosigkeit hat die Selbstfindung und die Selbsttreue als Grundlage, durch die man dann ganz aus der eigenen Seele heraus lebt. Die Pflanze der Hemmungslosigkeit gedeiht am besten auf dem Boden der Selbstliebe.

Hemmungslosigkeit ist letztlich immer ein hemmungsloser Selbstausdruck. Man ist hemmungslos genau das, was man ist. Man tut, was man will. Man will intensiv. Man strahlt maximal.

Man tut alles 100%-ig. Dadurch wird die Telepathie zur Astralreise; dadurch wird die Telekinese zum Wunder; dadurch erreicht man den vollkommenen Selbstausdruck.

Hemmungsloser Selbstausdruck bedeutet, daß man das Wesentliche mit der größtmöglichen Intensität lebt.

IV 5. e)   Im Hier und Jetzt sein

Ein oft genannter Aspekt der Einsgerichtetheit und des hemmungslosen Selbstausdrucks ist die Präsenz im Hier und Jetzt. Das bedeutet keineswegs eine Blindheit für alles, was räumlich und zeitlich rings um den Augenblick herum liegt, sondern lediglich die Erkenntnis, daß nur der Augenblick real ist, daß man nur da lebt, wo man gerade ist. Idealerweise bleibt man immer aus dem Bewußtsein über das Ganze heraus in dem Punkt des Augenblicks verankert.

Das Ruhen im Hier und Jetzt bedeutet auch nicht, daß man nicht mehr denkt oder keine Konzepte und keine Weltanschauung mehr hat, sondern nur, daß die Präsenz im Hier und Jetzt stets der Dreh- und Angelpunkt bleibt. Vermutlich hat der Mahasiddha Maitripa diese Haltung am anschaulichsten formuliert: „sich ins Hier und Jetzt hinein entspannen."

Im tibetischen Buddhismus ist diese Haltung ein Bestandteil des Mandalas der fünf Dhyani-Buddhas, die Buddhas Biographie darstellen:

- Dieses Biographie-Mandala beginnt im Westen mit <u>Buddha Amitabha</u>. Er hat seine Hände in seinen Schoß gelegt und betrachtet sich und die Welt, um ihr Wesen zu verstehen. Dieser Buddha benutzt die grenzenlose Gelassenheit, um die Welt zu erkennen – er blickt von nichts fort, er macht nichts größer oder kleiner als es ist, und er sieht die Dinge so, wie sie sind.

- Wenn Buddha Amitabha erkannt hat, daß die Welt an ihrer Wurzel eine Einheit ist, wird er zu dem furchtlosen <u>Buddha Amogasiddhi</u>, der im Norden des Mandalas sitzt. Er hat den Zustand der Abgrenzungslosigkeit erlangt, da er die Einheit erkannt hat, von der auch er selber ein Ausdruck ist. Zugleich ist er auch ganz im Hier und Jetzt angekommen, da er hinter allem die Einheit sieht und sie in jedem Augenblick erlebt. Dieser Buddha hebt seine linke Hand mit der Handfläche nach vorne in einer Schutzgeste vor sich empor.

- Da Buddha Amogasiddhi das furchtlose Ruhen in der Einheit, die aller Vielheit zugrundeliegt, erlangt hat, erkennt er, daß er dann am glücklichsten sein wird, wenn alle Wesen glücklich sind. Dadurch wird er zu <u>Buddha Akshobhya</u>, der im Osten des Mandalas sitzt. Er ist das grenzenlose Mitgefühl mit allen Wesen, die sich zwangsweise aus der Erkenntnis der Einheit aller Dinge ergibt – sein Mitgefühl ist sein ausgeweiteter Egoismus. Seine Geste ist das Berühren der Erde mit der Spitze des rechten Mittelfingers – die Geste der Anrufung der Erde als Zeuge seiner Erkenntnis und seines Entschlusses, alle Wesen zur Erleuchtung zu verhelfen.

- Um so glücklich wie möglich zu werden, muß Buddha Akshobhya letztlich alle Menschen glücklich, d.h. erleuchtet machen. Dieser Impuls zeigt sich dann als eine grenzenlose Liebe zu allen Wesen, wodurch er zu <u>Buddha Vairocana</u> wird, der in der Mitte des Mandalas sitzt. Seine Geste ist das Drehen des Rades der Lehre vor seinem Herzchakra.

- Zunächst gibt Buddha Vairocana allen, die ihn um Rat und Hilfe bitten, die Belehrung, also die Erläuterung seiner Sicht und seiner Methoden. Danach gibt Buddha Vairocana den Ratsuchenden auch noch die Kraftübertragung, d.h. er nimmt sie in seinen Bewußtseinszutand mit hinein, wodurch sie das, was sie zu erreichen versuchen, schon einmal mit Hilfe von Buddha erleben können. Dadurch wird Buddha Vairocana zu <u>Buddha Ratnasambhava</u>, der im Süden des Mandalas sitzt. Da diese Hilfe für Buddha keine Arbeit ist, sondern der vollkommene Selbstausdruck, der sich aus seiner Erkenntnis der Einheit aller Vielheit und des Kontinuums aller Wesen ergibt, entsteht durch sein Leben für die Erleuchtung der anderen Menschen eine grenzenlose Freude.

Man muß nun keineswegs ein Buddhist werden, um in das Da'ath-Bewußtsein zu gelangen und dann Da'ath-Magie ausüben zu können, aber man kann anhand dieses Mandalas einiges über den abgrenzungslosen Zustand von Da'ath erkennen. Nicht jeder, der Da'ath erreicht, hat eine buddhistische Weltanschauung, aber die einzelnen Elemente lassen sich in der Regel in leicht abgewandelter Form und in anderer Zusammenstellung wiederfinden.

IV 5. f) Loslassen

Wenn man von dem abgrenzten Bewußtseinszustand in den abgrenzungslosen Bewußtseinszustand gelangen will, muß man logischerweise seine Grenzen aufgeben. Das ist nur möglich, wenn man sich nicht mehr über seine Grenzen, sondern über seine Qualität definiert – sonst würde man beim Auflösen seiner Grenzen seine Identität verlieren und in Panik geraten.

Für dieses Auflösen der Grenzen ist der Mut zum Sprung in den bodenlosen Abgrund notwendig, also ein Loslassen von jeglichem äußeren Halt. Das bedeutet nicht, daß man sich danach in einem endlosen freien Fall und in endloser Panik befindet – auch wenn die erste Begegnung mit dem abgrenzungslosen Zustand durchaus beunruhigend sein kann.

Wenn man seinen Halt in sich selber, also nicht mehr durch seine Grenzen, sondern in seiner Mitte, d.h. in seiner eigenen Qualität gefunden hat, ist der abgrenzungslose Zustand ein einziger Genuß ... Buddhas „grenzenlose Freude". Um dieses Ruhen in der eigenen Qualität zu erreichen, ist das Erkennen der eigenen Seele die größtmögliche Hilfe – es dürfte schwer sein, ohne diese Erkenntnis entspannt nach Da'ath zu gelangen.

Der hemmungslose Selbstausdruck ist die Grundlage für das Strahlen, das einen von innen her erfüllt und die eigene Identität so gewiß macht, daß man keine Abgrenzung mehr braucht.

Dabei ist man zum einen vollständig darauf ausgerichtet, das auszudrücken und zu verwirklichen, was man im Innersten ist, aber man ist zum anderen völlig unabhängig davon, ob und wie man selber den eigenen Selbstausdruck schließlich erlangen kann. Man strebt seine Ziele mit aller Kraft an, aber ist in seinem Wohlergehen nicht von ihrem Erreichen abhängig. Die Erfüllung liegt in der Selbsttreue, in dem eigenen Strahlen ... das Erreichen der eigenen Ziele ist keineswegs uninteressant, aber es bleibt immer sekundär.

Dadurch handelt der Betreffende einsgerichtet und im vollkommenem Einklang mit sich selber und ist dabei mit allem verbunden und übt hin und wieder die Da'ath-Magie aus. Zugleich ruht er jedoch in sich selber und in der Einheit der Welt und erlebt, das, was er tut, als einen Tanz und macht einfach die Schritte, die gerade passen und erfreut sich an dem Tanz.

Dies ergibt ein scheinbares Paradox von vollkommen verbunden und engagiert und zugleich auch vollkommen eigenständig und gelassen. Derartige scheinbare Gegensätze kann man bei vielen Menschen finden, die diesen Zustand erreicht haben.

IV 5. g) Verankerung

Zu dem Loslassen gibt es auch eine Verankerung: das Ruhen in der eigenen Schutzgottheit, also in der Quelle, aus der heraus die eigene Seele entstanden ist. Wenn man diese Gottheit gefunden hat, muß man nichts Besonderes tun, damit sie zu dem eigenen Halt und zu dem eigenen Orientierungspunkt wird – man wird stattdessen merken, daß das eigene Leben entsprechend den Mythen dieser Gottheit verläuft.

Wenn man dann merkt, daß die eigene Seele die Qualitäten dieser Gottheit hat, und daß weiterhin die eigene Psyche in dem angenehmsten Zustand ist, wenn sie entsprechend diesen Qualitäten lebt, kommt man ohne viel dazu zu tun, in einen Einklang mit dieser Gottheit.

Gottheiten haben einen klaren Charakter, aber keine Abgrenzung – sie sind daher der natürlich Ankerpunkt für eine Identität, die in der eigenen Qualität ruht und keine Abgrenzung mehr braucht.

IV 5. h) Fülle

Durch das Loslassen der Abgrenzungen und durch das Verankern in der eigenen Schutzgottheit erhält man einen Kontakt mit der ganzen Welt, in dem sich das eigene Wesen ausdrückt. Dadurch entsteht eine große Fülle im eigenen Leben.

Damit ist nicht unbedingt Reichtum oder ähnliches gemeint, sondern eine große Fülle an den Dingen, die der eigenen Schutzgott, der eigenen Seele und somit auch der eigenen Psyche entsprechen – es entsteht ein erfülltes Leben.

Eine Vorstufe zu dieser Fülle ist die Bereitschaft, sich alles anzuschauen, was man ist und was man in sich trägt. Dadurch sieht man sich schließlich, wie man ist, kann alles in sich annehmen und heilen und wird somit einsgerichtet – die Selbsttreue ist entstanden.

Da das Außen das Innen widerspiegelt, kann man durch die Selbsterforschung und das Auflösen der eigenen Ängste, Süchte und falschen Vorstellungen in einen Zustand kommen, in dem man innerlich heil ist und in dem folglich auch der äußere Zustand heil ist – schließlich spiegelt das Außen das Innen wider.

Im Grunde kennt jeder diese Spiegelung: Angst ruft das hervor, was sie fürchtet – Liebe läßt das gedeihen, was sie liebt.

Man kann, wenn man möchte, auch an der Fülle ansetzen, um nach Da'ath zu gelangen. Dazu baut man zunächst wieder das Mandala der vier Elemente plus der Quintessenz (Licht) auf – evtl. mithilfe des Kleinen Pentagramm-Rituals.

Dann wendet man sich nacheinander an die vier Erzengel Raphael, Michael, Gabriel und Auriel und bittet sie um Fülle im eigenen Leben. Dann schaut man, was man von den Erzengeln der Luft, des Feuers, des Wasser und der Erde erhält – was man im Ritual bzw. in der Meditation sehen kann, und auch, was man anschließend im eigenen Leben erlebt.

Auch diese Bitte um Fülle an die Erzengel ist ein sich-Öffnen für den abgrenzungslosen Zustand von Da'ath: Die Erzengel sind in Da'ath und auch ihre Gaben sind Da'ath-Gaben und folglich grenzenlose Gaben und somit Fülle. Die Intensität der Wirkung dieses Rituals bzw. dieser Meditation hängt von der Intensität der Bitte um Fülle an Luft, Feuer, Wasser und Erde sowie um die Größe der Bereitschaft, diese Gaben auch anzunehmen, ab.

Möglicherweise ist es bei diesem Ritual hilfreich, im Zentrum des Mandalas die eigene Schutzgottheit zu imaginieren bzw. sie in das Zentrum zu rufen.

IV 5. i)   Es geschehen lassen

Es gibt noch einen Punkt, der zunächst einmal sehr stark dem Loslassen ähnelt, der aber doch etwas anderes ist. In manchen Fällen wird die außergewöhnliche Magie nicht direkt beabsichtigt, sondern der Betreffende tut einfach etwas aus einer Situation heraus, weil es ihm richtig erscheint und ohne zu ahnen, daß er damit ein „Wunder" bewirkt. Dies ist z.B. bei manchen Materialisierungen der Fall, wenn diese spontan auftreten, aber sinnvoll in die Situation passen (in der mindestens ein Mensch vollkommen einsgerichtet ist).

Diesem Phänomen ist der Aspekt der außergewöhnlichen Magie nah verwandt, daß sie nie verwendet wird, um „anzugeben". Es gibt zwar Fälle, in denen solche Magie anderen demonstriert wird, aber auch dort dient sie der Bereicherung der anderen. Das bedeutet nicht, daß man außergewöhnliche Magie nicht für sich selber durchführen kann (Jesus hätte auf dem See Genezareth auch ein Schiff mieten können), aber sie ist immer mit der eigenen Wahrheit verbunden und geht nicht von Teilen der Psyche aus, die durch Ängste oder Süchte verzerrt worden sind.

Oft ergibt sich die außergewöhnliche Magie auch einfach aus der Situation heraus und ist ungeplant – sie ist ein spontanes Ereignis.

Es scheint nicht vorzukommen, daß jemand ein Wunder um des Wunders willen bewirkt. Alle Fälle von außergewöhnlicher Magie haben eine direkte Motivation für Wunder – und wenn der Grund lediglich ist, in einer Gerichtsverhandlung zu zeigen, daß man kein Betrüger ist (wie dies einige Mahasiddhis getan haben).

In vielen Fällen wird geschildert, daß die Magier und Magierinnen ihre außergewöhnliche Magie nicht aus sich heraus vollbringen, sondern sie durch sich hindurch geschehen lassen. Als Quelle der Wunder wird von ihnen Gott, eine Gottheit, die eigene Schutzgottheit oder ein ähnliches „übergeordnetes Wesen" erlebt.

Schließlich fällt noch auf, daß es für die außergewöhnliche Magie keine Anleitung zu geben scheint, kein Ritual, keine Regeln, keine feste Form – man tut es einfach. Die außergewöhnliche Magie ist also kein Handwerk, bei dem man schrittweise erlernt, wie man es macht. Die außergewöhnliche Magie hat stattdessen einen bestimmten Bewußtseinszustand als Grundlage, aus dem heraus die Wunder möglich sind. Es geht also darum, diesen Bewußtseinszustand zu erreichen: Da'ath, das Kontinuum, die Abgrenzungslosigkeit, das voll bewußt gewordene kollektive Unterbewußtsein, das Bewußtsein der Götter …

IV 5. j) Frauen und Männer

Es fällt auf, über wie wenige Frauen Wunder berichtet werden. Es kommen zwar in Indien bei den Mahasiddhis und auch im Christentum bei den Heiligen auch Frauen vor, die Wunder vollbracht haben, aber sie sind deutlich in der Minderheit.

Von den 81 Mahasiddhis sind nur 5 Frauen (6%).

Von den christlichen 1384 Heiligen und Seligen (die alle entweder ein Wunder getan haben oder Märtyrer sind) sind nur 232 Frauen (17%). Wenn man nur die Heiligen und Seligen bis zur Reformationszeit zählt, kommt man auf einen noch deutlich kleineren Prozentsatz an Frauen.

Dieser geringe Frauenanteil liegt sicherlich nicht in einer geringeren Begabung von Frauen für außergewöhnliche Magie, sondern darin, daß sie früher (und teilweise noch heute) im öffentlichen Leben eine deutlich geringere Rolle gespielt haben als die

Männer.

Der Frauenanteil von Wundertätern in anderen Kulturen läßt sich nicht feststellen, da die außergewöhnliche Magie nur bei den Mahasiddhis in Indien und im Christentum systematisch aufgeführt wird. Im Islam wird z.B. nur im kleinen Kreis über Wundertaten gesprochen.

IV 6. Der eigene Weg

Jeder Mensch hat seine eigene Biographie, sein eigenes Horoskop, seinen eigenen kulturellen Hintergrund, seine eigenen Interessen, Begabungen, Sichtweisen usw. Daher gibt es auch die verschiedensten und teilweise völlig entgegengesetzen Deutungen der außergewöhnlichen Magie.

So gibt es z.B. die christlichen Heiligen, die sich vollkommen Gott unterordnen und ihn durch sich selber handeln lassen – dann gibt es da aber auch die Gnostiker, die danach streben, das „Joch von Gottes Gesetz" loszuwerden und ihre Magie als gegen Gottes Willen gerichtet ansehen.

Es gibt auch Menschen, die diese Magie als den magischen Aspekt eines ökologischen Weltbildes betrachten (beides ist ein Aspekt von Da'ath).

Dann gibt es einige wie Christus, die ihre außergewöhnliche Magie stets zum Nutzen aller Menschen einsetzen, aber auch Heilige wie Elias, die ihre Wunder benutzen, um ihre Weltanschauung durchzusetzen und die Priester anderer Religionen umzubringen.

Es gibt auch viele Menschen, die gelegentlich mal außerordentliche Magie bewirkt haben, die sich noch nie viele Gedanken über Magie oder Weltanschauungen oder Wunder gemacht haben.

Es ist offensichtlich, daß die Weltanschauung nicht das zentrale Element bei der außergewöhnlichen Magie ist – obwohl von fast allen, die eine klare Weltanschauung haben, ihre Magie als fest mit ihrer Weltanschauung verbunden angesehen wird. Manchmal wird diese Weltanschauung sogar als die Grundlage der außergewöhnlichen Magie betrachtet.

Es scheint jedoch eher so zu sein, daß die außergewöhnliche Magie allen Menschen möglich ist und lediglich davon abhängt, ob man das Da'ath-Bewußtsein erreichen kann oder nicht.

V Zusammenfassung

Durch die außergewöhnliche Magie („Wunder", „Da'ath-Magie") werden die Naturgesetze außer Kraft gesetzt. Dazu gehören Feuerläufe, Materialisierungen, Materie-
Verwandlungen, Spontan-Selbstheilungen, Heilungen durch andere, Wiederbelebun-
gen von Toten u.ä.

Während man dies tut, ist man vollkommen einsgerichtet und „man macht es einfach", „es geschieht durch einen hindurch". Manchmal stellt man sich auch bewußt
„in etwas Größeres hinein".

Während man die außergewöhnliche Magie bewirkt, hat man eine unbegrenzte
Wahrnehmung und eine unbegrenzte Handlungsfähigkeit – man befindet sich im
Da'ath-Bewußtsein. Die meisten Menschen sind nur in seltenen Fällen und in besonderen Situationen in diesem Zustand (wenn sie ihn überhaupt jemals erreichen), aber
es gibt auch die Möglichkeit, die meiste Zeit in diesem Bewußtsein zu sein.

Die außergewöhnliche Magie ist eng mit der Abgrenzungslosigkeit verbunden. Da
man ohne Abgrenzungen auch sich selber vollständig sieht, ist die Heilung der
eigenen Psyche und das Finden der eigenen Seele eine sinnvolle Vorbereitung auf die
Fähigkeit, außergewöhnliche Magie auszuüben. Ein gutes Hilfsmittel dabei ist das
Erwecken der Kundalini. Das Ziel ist die vollkommene Selbsttreue, das „Tue, was Du
willst.", der hemmungslose Selbstausdruck …

Um sich mit der Abgrenzungslosigkeit (Kontinuum) vertraut zu machen, sind
Traumreisen zu Gottheiten, nach Da'ath und vor allem zur eigenen Schutzgottheit
ausgesprochen förderlich. Auch Traumreisen zu Heiligen, Magiern, Yogis u.ä., um
ihnen beim Vollbringen ihrer Wunder zuzusehen, sind ausgesprochen hilfreich – man
lernt dabei den „Geschmack" der außergewöhnlichen Magie kennen. Das zentrale
Element ist dabei die Invokation der eigenen Schutzgottheit, also die möglichst
intensive Identifikation mit ihr. Auch das Da'ath-Ritual der Verwandlung der vier
Elemente kann recht hilfreich sein.

Außergewöhnliche Magie geschieht immer nur im Hier und Jetzt. Daher ist es
förderlich, das Präsent-sein im Augenblick zu üben.

Bei all dem ist es immer notwendig, dem eigenen Stil treu zu bleiben – sonst kann
man mit der eigenen Magie (und auch bei allem anderen) nicht wirklich effektiv sein.

Es gibt die außergewöhnliche Magie auch ohne jegliche Vorbereitung – dann tritt
sie allerdings nur spontan in einer außergewöhnlichen Situation auf, in der außergewöhnliche Magie erforderlich ist, um sich oder andere zu retten o.ä. Um die außergewöhnliche Magie aus eigenem Ansporn heraus ausüben zu können, ist jedoch das
Da'ath-Bewußtsein notwendig: Buddhas vier grenzenlose Eigenschaften eines
Erleuchteten, die Heimat im Kontinuum, das Gottheiten-Bewußtsein – eben Da'ath …

Bücher von Harry Eilenstein

„Magie für Anfänger"

- Telepathie für Anfänger (60 S.)
- Telepathie für Fortgeschrittene (52 S.)
- Telekinese für Anfänger (52 S.)
- Lebenskraft für Anfänger (60 S.)
- Meditation für Anfänger (56 S.)
- Hypnose für Anfänger (56 S.)
- Auto-Movement für Anfänger (56 S.)
- Chakra-Magie für Anfänger (148 S.)
- Astralreisen für Anfänger (56 S.)
- Ritual-Magie für Anfänger (56 S.)
- Mandalas für Anfänger (68 S.)
- Geldzauber für Anfänger (56 S.)
- Liebeszauber für Anfänger (52 S.)
- Evokationen für Anfänger (60 S.)
- Elfen für Anfänger (56 S.)
- Magie-Forschung für Anfänger (140 S.)
- Selbsterkenntnis für Anfänger (52 S.)
- Zahlensymboik für Anfänger (60 S.)
- Die Sprache des Mondes – für Anfänger (116 S.)
- Zaubergesänge für Anfänger (100 S.)
- Zukunftschau für Anfänger (60 S.)
- Schamanismus für Anfänger (52 S.)
- Astralreisen für Anfänger (56 S.)
- Da'ath-Magie für Anfänger (64 S.)
- Magie für Anfänger – Sammelband I (696 S.)
- Magie für Anfänger – Sammelband II (664 S.)

Magie

- Handbuch für Zauberlehrlinge (408 S.)
- Tarot (104 S.)
- Physik und Magie (184 S.)
- Die Magie-Formel (156 S.)
- Krafttiere – Tiergöttinnen – Tiertänze (112 S.)
- Schwitzhütten (524 S.)

Meditation

- Der Lebenskraftkörper (230 S.)
- Die Chakren (100 S.)
- Das Chakren-System mit den Nebenchakren (296 S.)
- Meditation (140 S.)
- Drachenfeuer (124 S.)
- Reinkarnation (156 S.)
- einsgerichtet (140 S.)

Astrologie

- Astrologie (496 S.)
- Photo-Astrologie (428 S.)
- Die astrologischen Aspekte (88 S.)
- Horoskop und Seele (120 S.)

Kabbala

- Kursus der praktischen Kabbala (150 S.)
- Eltern der Erde (450 S.)
- Blüten des Lebensbaumes:
    - Die Struktur des kabbalistischen Lebensbaumes (370 S.)
    - Der kabbalistische Lebensbaum als Forschungshilfsmittel (580 S.)
    - Der kabbalistische Lebensbaum als spirituelle Landkarte (520 S.)

Bücher von Harry Eilenstein

Religion allgemein

- Die sieben Schritte des Lebens (428 S.)
- Muttergöttin und Schamanen (168 S.)
- Göbekli Tepe (472 S.)
- Die Göttin von Göbekli Tepe (144 S.)
- Totempfähle (440 S.)
- Christus (60 S.)
- Dakini (80 S.)
- Vajra (76 S.)

Ägypten

- Hathor und Re 1: Götter und Mythen im Alten Ägypten (432 S.)
- Hathor und Re 2: Die altägyptische Religion – Ursprünge, Kult und Magie (396 S.)
- Isis (508 S.)

Indogermanen

- Die Entwicklung der indogermanischen Religionen (700 S.)
- Wurzeln und Zweige der indogermanischen Religion (224 S.)

Germanen

- Die Götter der Germanen (87 Bände)
- Odin (300 S.)

Kelten

- Cernunnos (690 S.)
- Der Kessel von Gundestrup (220 S.)
- Der Chiemsee-Kessel (76)

Psychologie

- Über die Freude (100 S.)
- Das Geheimnis des inneren Friedens (252 S.)
- Das Beziehungsmandala (52 S.)
- Gefühle und ihre Verwandlungen (404 S.)
- einsgerichtet (140 S.)
- Liebe und Eigenständigkeit (216 S.)
- Von innerer Fülle zu äußerem Gedeihen (52 S.)

Heilung

- Die Symbolik der Krankheiten (76 S.)

Kunst

- Herz des Tanzes – Tanz des Herzens (160 S.)

Drama

- König Athelstan (104 S.)

Die Themen der 87 Bände der Reihe „Die Götter der Germanen"

1. Die Entwicklung der germanischen Religion
2. Lexikon der germanischen Religion
3. Der ursprüngliche Göttervater Tyr
4. Tyr in der Unterwelt: der Schmied Wieland
5. Tyr in der Unterwelt: der Riesenkönig Teil 1
6. Tyr in der Unterwelt: der Riesenkönig Teil 2
7. Tyr in der Unterwelt: der Zwergenkönig
8. Der Himmelswächter Heimdall
9. Der Sommergott Baldur
10. Der Meeresgott: Ägir, Hler und Njörd
11. Der Eibengott Ullr
12. Die Zwillingsgötter Alcis
13. Der neue Göttervater Odin Teil 1
14. Der neue Göttervater Odin Teil 2
15. Der Fruchtbarkeitsgott Freyr
16. Der Chaos-Gott Loki
17. Der Donnergott Thor
18. Der Priestergott Hönir
19. Die Göttersöhne
20. Die unbekannteren Götter
21. Die Göttermutter Frigg
22. Die Liebesgöttin: Freya und Menglöd
23. Die Erdgöttinnen
24. Die Korngöttin Sif
25. Die Apfel-Göttin Idun
26. Die Hügelgrab-Jenseitsgöttin Hel
27. Die Meeres-Jenseitsgöttin Ran
28. Die unbekannteren Jenseitsgöttinnen
29. Die unbekannteren Göttinnen
30. Die Nornen
31. Die Walküren
32. Die Zwerge
33. Der Urriese Ymir
34. Die Riesen
35. Die Riesinnen
36. Mythologische Wesen
37. Mythologische Priester und Priesterinnen
38. Sigurd/Siegfried
39. Helden und Göttersöhne
40. Die Symbolik der Vögel und Insekten
41. Die Symbolik der Schlangen, Drachen und Ungeheuer
42.a Die Symbolik der Herdentiere I
42.b Die Symbolik der Herdentiere II
43. Die Symbolik der Raubtiere
44. Die Symbolik der Wassertiere und sonstigen Tiere
45. Die Symbolik der Pflanzen
46. Die Symbolik der Farben
47. Die Symbolik der Zahlen
48. Die Symbolik von Sonne, Mond und Sternen
49.a Das Jenseits I – Das Hügelgrab
49.b Das Jenseits II – Der Jenseitsweg
50. Seelenvogel, Utiseta und Einweihung
51. Wiederzeugung und Wiedergeburt
52. Elemente der Kosmologie
53. Der Weltenbaum
54. Die Symbolik der Himmelsrichtungen und der Jahreszeiten
55.a Mythologische Motive I
55.b Mythologische Motive II
56. Der Tempel
57. Die Einrichtung des Tempels
58. Priesterin – Seherin – Zauberin – Hexe
59. Priester – Seher – Zauberer
60. Rituelle Kleidung und Schmuck
61. Skalden und Skaldinnen
62. Kriegerinnen und Ekstase-Krieger
63. Die Symbolik der Körperteile
64.a Magie und Ritual I
64.b Magie und Ritual II
64.c Magie und Ritual III
65. Gestaltwandlungen
66.a Magische Angriffs-Waffen
66.b Magische Verteidigungs-Waffen
67. Magische Werkzeuge und Gegenstände
68. Zaubersprüche
69. Göttermet
70. Zaubertränke
71. Träume, Omen und Orakel
72. Runen
73. Sozial-religiöse Rituale
74. Weisheiten und Sprichworte
75. Kenningar
76. Rätsel
77. Die vollständige Edda des Snorri Sturluson
78. Frühe Skaldenlieder
79.a Mythologische Sagas I
79.b Mythologische Sagas II
80. Hymnen an die germanischen Götter